TABLE DES MATIÈRES

PRÉFACE

Cher lecteur,

Bienvenue dans cet ouvrage dédié à l'univers complexe et fascinant de l'immobilier. Ce domaine, souvent perçu comme un labyrinthe de transactions, de lois et de stratégies, offre en réalité une aventure passionnante pour ceux qui aspirent à le comprendre et à y prospérer.

Ce livre n'est pas simplement un guide; il se veut être un compagnon de voyage dans votre quête de maîtrise de l'investissement immobilier. Des premiers pas incertains aux stratégies d'expansion audacieuses, en passant par les défis et les solutions, il a été conçu pour fournir une compréhension complète et éclairée du secteur.

L'immobilier, au-delà d'être un investissement financier, est un investissement dans notre avenir et celui de nos communautés. Chaque chapitre de ce livre reflète cette dualité, mêlant la rigueur économique et une conscience des impacts sociaux et environnementaux de nos choix.

Nous débutons notre exploration par les fondamentaux, essentiels pour poser des bases solides. Puis, nous avançons vers des concepts plus élaborés et des stratégies innovantes, toujours avec l'idée que comprendre le passé et le présent est crucial pour anticiper l'avenir.

Ce livre est aussi une invitation à la réflexion et à l'action. L'immobilier est un domaine en constante évolution, où la stagnation n'est pas une option. Les pages suivantes visent à stimuler votre esprit critique, à aiguiser votre sens de l'innovation et à renforcer votre confiance en vos décisions d'investissement.

Embarquez dans ce voyage d'apprentissage, armé de curiosité et d'ouverture, et laissez ce livre vous guider vers de nouveaux horizons de succès dans le monde de l'immobilier.

Bien à vous,

Paul Brémond

CHAPITRE 1 : LES BASES DE L'IMMOBILIER

1.1. "Premiers Pas dans l'Immobilier" : Comprendre les fondamentaux

L'immobilier, un univers complexe et fascinant, demande une compréhension approfondie de ses fondamentaux. Le débutant en immobilier doit avant tout saisir la nature multidimensionnelle de ce domaine. Il s'agit d'une discipline qui allie aspects financiers, juridiques et humains. Ainsi, comprendre l'immobilier, c'est comme apprendre une nouvelle langue, où chaque terme, chaque concept a son importance et son rôle.

Le marché immobilier est un écosystème en perpétuelle évolution, influencé par des facteurs économiques, sociaux, et même politiques. Comme un joueur d'échecs débutant, le novice en immobilier doit apprendre les règles du jeu avant de pouvoir élaborer des stratégies gagnantes. Les principes de base incluent la connaissance des différents types de biens immobiliers, des méthodes d'évaluation de propriété, des options de financement, des lois et réglementations applicables, et des dynamiques du marché.

Un aspect crucial pour un débutant est de comprendre la valeur d'une propriété, qui ne se résume pas seulement à son prix de vente. Cette valeur est influencée par de nombreux facteurs tels que l'emplacement, l'état du bien, les tendances du marché, et même des éléments moins tangibles comme le potentiel de développement futur. Imaginons une maison située dans un quartier paisible, près des commodités : sa valeur ne réside pas seulement dans ses murs, mais aussi dans la qualité de vie qu'elle offre.

En outre, le financement immobilier est un domaine complexe en lui-même. Comme un pêcheur choisit son hameçon en fonction du poisson qu'il souhaite attraper, l'investisseur immobilier doit choisir son type de financement (prêt, hypothèque, etc.) en fonction de son projet et de sa situation financière. La compréhension des différents produits financiers et de leur impact à long terme est essentielle.

Enfin, naviguer dans le labyrinthe des lois et réglementations immobilières est un défi en soi. Comme un conducteur apprend le code de la route, le débutant en immobilier doit se familiariser avec les lois qui régissent les transactions immobilières, la possession, les droits des locataires, et bien d'autres aspects.

Pourquoi est-il crucial de comprendre en profondeur ces aspects avant de se lancer dans des investissements immobiliers ? Une compréhension solide des bases est la clé de la réussite dans ce secteur. Cela permet d'éviter des erreurs coûteuses et de maximiser les opportunités. Dans le prochain segment, nous explorerons les différents types de propriétés, un élément fondamental pour affiner votre stratégie d'investissement.

1.2. "Types de Propriétés" : Résidentiel, commercial, industriel

Le monde de l'immobilier est peuplé de divers types de propriétés, chacune avec ses spécificités et opportunités. Comme un jardinier connaît les besoins spécifiques de chaque plante de son jardin, l'investisseur immobilier doit comprendre les caractéristiques des différents types de biens : résidentiel, commercial et industriel.

Les propriétés résidentielles, telles que les maisons individuelles, les appartements et les immeubles à logements multiples, sont souvent le premier choix des investisseurs débutants. Ce type de bien est généralement plus accessible et compréhensible.

Cependant, comme une rose dans un jardin, même si elle semble familière, elle nécessite une attention particulière en termes de gestion locative, d'entretien et de réglementations spécifiques.

D'autre part, les propriétés commerciales, incluant les espaces de bureaux, les magasins, et les centres commerciaux, sont similaires à des plantes exotiques qui requièrent des soins plus spécialisés. Elles offrent souvent des rendements plus élevés, mais avec des risques accrus. La réussite dans ce segment dépend fortement de la localisation, de la qualité des locataires et des tendances économiques.

Les propriétés industrielles, comme les entrepôts, les usines ou les parcs d'activités, sont un peu les cactus du jardin immobilier. Elles peuvent survivre et prospérer dans des conditions difficiles, mais elles exigent une connaissance approfondie des besoins spécifiques des entreprises industrielles, ainsi qu'une attention particulière à la logistique et aux réglementations environnementales.

Chaque type de propriété a ses propres défis et récompenses. Par exemple, une propriété résidentielle peut offrir une stabilité grâce à la demande constante de logements, mais elle peut aussi être affectée par des fluctuations plus fréquentes du marché. Les propriétés commerciales, quant à elles, peuvent offrir des baux plus longs et des revenus plus élevés, mais elles sont aussi plus sensibles aux cycles économiques. Enfin, les propriétés industrielles offrent souvent des rendements stables et de longs baux, mais elles peuvent nécessiter des investissements importants en termes d'entretien et de mise aux normes.

Comment choisir le type de propriété le mieux adapté à vos objectifs et à votre profil d'investisseur ? Cette question cruciale dépend de plusieurs facteurs, notamment votre tolérance au risque, votre expertise dans le secteur immobilier, et votre capacité à gérer différents types de biens. La compréhension de l'évaluation immobilière, sujet du prochain segment, est une étape essentielle pour prendre cette décision éclairée.

1.3. "Évaluation Immobilière" : Comprendre la valeur d'une propriété

L'évaluation immobilière est un processus essentiel pour déterminer la véritable valeur d'une propriété, une étape incontournable pour tout investisseur. Cette évaluation est semblable à l'examen d'un diamant sous une loupe, où chaque détail compte et influence la valeur globale de la pierre précieuse.

L'évaluation immobilière ne se limite pas à une simple estimation du prix de vente. Elle implique une analyse approfondie de nombreux facteurs. Parmi ceux-ci, l'emplacement est souvent le plus crucial. Comme un acteur sur une scène, l'emplacement d'une propriété détermine en grande partie son rôle et sa valeur sur le marché immobilier. Un bien situé dans un quartier prisé, avec un accès facile aux services et infrastructures, aura généralement une valeur plus élevée qu'une propriété similaire dans une zone moins attractive.

Ensuite, la condition et l'âge de la propriété sont également des facteurs déterminants. Une maison bien entretenue, avec des rénovations récentes, est comme un livre bien conservé dans une bibliothèque : elle attire plus l'attention et est plus susceptible de conserver sa valeur au fil du temps. Inversement, une propriété nécessitant d'importants travaux de rénovation peut voir sa valeur diminuer, mais elle peut aussi représenter une opportunité de valorisation pour un investisseur prêt à relever le défi.

Les tendances du marché jouent aussi un rôle majeur dans l'évaluation immobilière. Comprendre ces tendances, c'est un peu comme lire les vagues avant de surfer : cela permet de saisir le bon moment pour acheter ou vendre. Les facteurs macroéconomiques, comme les taux d'intérêt, les politiques gouvernementales, et même les évolutions démographiques, influencent la valeur des propriétés.

L'évaluation immobilière implique souvent l'intervention d'experts, tels que des évaluateurs professionnels. Ils utilisent diverses méthodes, comme la comparaison de marché, la méthode du coût et la méthode du revenu, pour estimer la valeur d'une propriété. Chacune de ces méthodes peut être vue comme un instrument différent dans un orchestre, chacun contribuant à la symphonie finale de l'évaluation.

Comment s'assurer que l'évaluation d'une propriété est précise et reflète sa véritable valeur sur le marché ? Cette question est cruciale pour les investisseurs, car une évaluation inexacte peut entraîner des décisions d'investissement mal informées. Avec une compréhension claire de l'évaluation immobilière, les investisseurs peuvent mieux naviguer dans le monde complexe des finances immobilières, sujet du prochain segment.

1.4. "Financement Immobilier" : Prêts, hypothèques, et autres options

Naviguer dans le domaine du financement immobilier est essentiel pour tout investisseur. Comme un capitaine manœuvre son navire à travers des eaux parfois tumultueuses, l'investisseur doit savoir diriger ses choix de financement dans un environnement économique en constante évolution.

Les options de financement immobilier sont variées et chacune possède ses spécificités, comme les différents instruments d'un orchestre. Les plus courantes sont les prêts et les hypothèques. Un prêt immobilier est similaire à un engagement à long terme, un peu comme un mariage, où l'emprunteur et le prêteur s'engagent sur une période prolongée, souvent de plusieurs décennies. Les hypothèques, quant à elles, sont une forme de garantie pour le prêteur, où la propriété sert de sécurité contre le prêt.

Outre les prêts classiques, il existe d'autres options telles que le financement participatif, les prêts entre particuliers, et les partenariats d'investissement. Chacune de ces méthodes a ses avantages et ses inconvénients, un peu comme choisir entre différents chemins dans un labyrinthe, chaque voie menant à une destination unique mais avec ses propres défis.

Un aspect crucial du financement immobilier est le taux d'intérêt. Il peut varier considérablement en fonction des conditions du marché, de la politique économique, et de la situation financière de l'emprunteur. Comprendre les taux d'intérêt est comme comprendre la météo pour un agriculteur :

cela peut grandement affecter le rendement de l'investissement.

Ensuite, il est essentiel de comprendre les conditions de remboursement et les frais annexes. Ces détails, souvent moins évidents, peuvent être comparés aux petites lignes d'un contrat, pouvant avoir un impact significatif sur la rentabilité globale de l'investissement.

La flexibilité du financement est un autre point à considérer. Certains prêts offrent la possibilité de remboursements anticipés ou de modifications des conditions en fonction de l'évolution des situations personnelles ou économiques, un peu comme un vêtement ajustable qui peut être modifié en fonction des besoins.

Comment alors choisir la meilleure option de financement adaptée à votre projet immobilier ? Cette décision dépend de plusieurs facteurs, tels que les objectifs à long terme, la situation financière personnelle, et la tolérance au risque de l'investisseur. Comprendre en profondeur les différentes options de financement permet d'élaborer une stratégie solide et adaptée, une étape essentielle avant de plonger dans les complexités du cadre juridique de l'immobilier, thème que nous aborderons dans le segment suivant.

1.5. "Juridique de l'Immobilier" : Lois et réglementations clés

Comprendre le cadre juridique de l'immobilier est aussi crucial que connaître les règles d'un jeu avant d'y participer. Le domaine juridique de l'immobilier est un labyrinthe complexe de lois et de réglementations qui varient d'un endroit à l'autre, comme les différentes règles de conduite qui changent d'un pays à l'autre.

La législation immobilière couvre un large éventail de sujets, allant des droits de propriété aux règlements de zonage, en passant par les lois sur la location et les normes de construction. Comme les pièces d'un puzzle, chaque loi ou réglementation a sa place et son importance dans l'ensemble du cadre juridique.

Un aspect essentiel est le droit de propriété, qui détermine qui peut posséder et utiliser un bien immobilier. Cela inclut les lois sur les titres de propriété, les enregistrements fonciers et les transferts de propriété. Comprendre ces lois est comme lire la notice d'un appareil complexe : cela permet de savoir comment l'utiliser correctement et d'éviter les erreurs coûteuses.

Les lois de zonage et d'urbanisme jouent également

un rôle majeur. Elles définissent comment les terrains peuvent être utilisés, que ce soit pour des constructions résidentielles, commerciales ou industrielles. Ces règles sont comme les règles d'un jeu de société, dictant où et comment les joueurs peuvent se déplacer sur le plateau de jeu.

Ensuite, les réglementations concernant la location sont cruciales pour les investisseurs immobiliers. Elles comprennent les droits et devoirs des locataires et des propriétaires, les conditions de bail, et les procédures d'expulsion. Ces lois sont les garde-fous qui assurent que les deux parties jouent le jeu de manière équitable.

Les normes de construction et les codes du bâtiment sont également importants. Ils garantissent que les bâtiments sont sûrs, habitables et respectent l'environnement. Ne pas respecter ces normes peut être comparé à ignorer les règles de sécurité dans un sport : cela peut entraîner des conséquences graves.

Comment rester à jour avec les changements constants dans les lois et réglementations immobilières ? C'est un défi constant pour les investisseurs, nécessitant une vigilance constante et, souvent, l'assistance d'experts juridiques. Cette compréhension juridique est un pilier pour interpréter les tendances et les dynamiques du marché immobilier, sujet que nous aborderons ensuite.

1.6. "Analyse du Marché" : Interpréter les tendances du marché

L'analyse du marché immobilier est comparable à la lecture d'une carte avant d'entamer un voyage. Elle permet de comprendre les tendances actuelles, de prévoir les évolutions futures et de prendre des décisions éclairées. Comme un météorologue prédit le temps, l'analyse du marché permet aux investisseurs de prévoir les conditions du marché immobilier.

Cette analyse englobe divers aspects, dont les plus cruciaux sont les tendances de prix, les taux de vacance, les taux d'intérêt, et les indicateurs économiques globaux. Les tendances de prix, par exemple, sont comme les vagues de l'océan, montant et descendant en réponse à divers facteurs tels que l'offre et la demande, les conditions économiques et les politiques gouvernementales.

Les taux de vacance, qui indiquent le pourcentage de propriétés inoccupées dans une zone donnée, sont un autre indicateur important. Un taux de vacance élevé peut signaler un marché surchargé ou une demande faible, tandis qu'un taux faible peut indiquer un marché en bonne santé. Cela ressemble à évaluer la popularité d'un restaurant en fonction du nombre de tables occupées.

Les taux d'intérêt influencent également le marché immobilier. Des taux bas peuvent stimuler la demande en rendant les prêts plus abordables, tandis que des taux élevés peuvent la ralentir. Cette dynamique est semblable à l'effet de l'essence sur une voiture : plus le coût est faible, plus il est facile de parcourir de longues distances.

Les indicateurs économiques globaux, tels que la croissance du PIB, le taux de chômage et la politique fiscale, affectent également le marché immobilier. Ils sont comme le contexte d'une histoire, influençant le scénario global.

L'analyse des données locales est également essentielle. Chaque marché immobilier est unique, avec ses propres caractéristiques et influences. Comprendre les spécificités locales est comme connaître les coutumes d'un pays étranger avant de le visiter.

Comment les investisseurs peuvent-ils utiliser efficacement l'analyse du marché pour guider leurs décisions d'investissement ? En s'appuyant sur une analyse minutieuse, les investisseurs peuvent identifier les opportunités de marché, prévoir les changements potentiels et éviter les pièges coûteux. Avec une compréhension profonde des tendances du marché, nous pouvons maintenant aborder

l'importance de la planification et de la définition
d'objectifs réalistes, un sujet crucial pour tout
investisseur immobilier.

1.7. "Planification et Objectifs" : Fixer des objectifs réalistes

**La planification et la définition d'objectifs
réalistes sont les pierres angulaires d'une stratégie
d'investissement immobilier réussie.** Comme un
navigateur trace sa route en haute mer,
l'investisseur doit établir un plan clair et des
objectifs réalisables pour naviguer dans le monde de
l'immobilier.

La première étape de la planification est de définir
des objectifs clairs. Ces objectifs peuvent varier
grandement d'un investisseur à l'autre, allant de
la génération d'un revenu passif à la constitution
d'un patrimoine à long terme. Fixer des objectifs
est comparable à choisir une destination de voyage :
cela donne une direction claire et un sens au
parcours.

Une fois les objectifs définis, il est crucial d'élaborer
un plan détaillé pour les atteindre. Ce plan doit
inclure des stratégies d'investissement, des critères
de sélection de propriétés, des approches de
financement, et des plans de gestion. Comme un
chef cuisinier suit une recette pour créer un plat

complexe, l'investisseur doit suivre son plan pour réaliser ses objectifs.

Il est également important de fixer des objectifs réalistes et atteignables. Des objectifs trop ambitieux peuvent conduire à la frustration et à l'échec, tandis que des objectifs trop modestes peuvent limiter le potentiel de croissance. Trouver le juste milieu est comme ajuster la voile d'un bateau pour capturer le vent idéal.

La flexibilité est un autre aspect crucial de la planification. Le marché immobilier est dynamique et évolue constamment. Être flexible et prêt à ajuster le plan en fonction des conditions du marché est comme un pilote qui modifie son itinéraire en réponse aux conditions météorologiques imprévues.

Enfin, l'évaluation régulière des progrès et l'ajustement des objectifs sont nécessaires. Comme un jardinier qui taille ses plantes pour encourager leur croissance, l'investisseur doit régulièrement évaluer et ajuster ses stratégies pour s'assurer qu'elles sont toujours alignées avec ses objectifs finaux.

Comment s'assurer que vos objectifs et votre plan restent alignés avec les réalités du marché immobilier ? Cette interrogation souligne l'importance d'une analyse continue et d'une capacité à s'adapter aux changements du marché. En gardant ces éléments à l'esprit, nous pouvons maintenant nous tourner vers le deuxième chapitre, qui traite des stratégies spécifiques d'investissement immobilier, en commençant par le choix de la stratégie appropriée pour vos objectifs.

CHAPITRE 2 : STRATÉGIES D'INVESTISSEMENT

2.1. "Choisir sa Stratégie" : Location, flipping, développement

Sélectionner la stratégie d'investissement appropriée en immobilier est un acte aussi déterminant que choisir un chemin dans un carrefour. Cette décision influence directement le succès et la rentabilité de l'investissement. Trois stratégies principales se distinguent : la location, le flipping et le développement.

La location, c'est un peu comme jouer un marathon : cela demande endurance et patience. Elle implique l'acquisition de propriétés pour les louer et générer un revenu passif régulier. Cette approche convient particulièrement à ceux qui cherchent une source de revenu stable sur le long terme. Cependant, elle nécessite une gestion rigoureuse des locataires et de l'entretien des propriétés.

Le flipping, en revanche, est semblable à un sprint. Il s'agit d'acheter des propriétés, souvent sous-évaluées, de les rénover et de les revendre rapidement pour un profit. Cette stratégie est idéale pour ceux qui recherchent des gains rapides et sont prêts à gérer les risques et les défis associés à la rénovation. Le flipping exige une excellente connaissance du marché pour identifier les bonnes affaires et un sens aigu de la gestion des coûts de rénovation.

Le développement immobilier, quant à lui, est comme construire une maison depuis les fondations. Cette stratégie consiste à développer de nouvelles constructions ou à convertir des bâtiments existants en quelque chose de plus rentable. Elle est potentiellement la plus lucrative, mais aussi la plus risquée, nécessitant une expertise approfondie en construction, en réglementation et en finance.

Comment déterminer laquelle de ces stratégies est la plus adaptée à vos objectifs et à votre profil de risque ? Cette décision dépend de divers facteurs, notamment les ressources financières disponibles, l'expérience en immobilier, le temps que l'on peut y consacrer, et la tolérance au risque. Une compréhension approfondie de chacune de ces stratégies est essentielle avant de s'engager dans l'une d'elles. Après avoir choisi une stratégie, l'étape suivante est de gérer efficacement les risques associés, un aspect crucial que nous explorerons dans la section suivante.

2.2. "Gestion du Risque" : Identifier et atténuer les risques

Dans l'univers de l'investissement immobilier, la gestion du risque est aussi fondamentale que l'équipement de sécurité pour un alpiniste. Identifier et atténuer les risques associés à chaque investissement est crucial pour assurer la pérennité et la rentabilité de vos projets.

Les risques en immobilier peuvent être nombreux et variés, ressemblant aux différentes intempéries que peut rencontrer un marin en pleine mer. Parmi eux, le risque de vacance, qui survient lorsque les propriétés ne trouvent pas de locataires, peut gravement impacter les revenus. C'est comme naviguer dans des eaux inconnues sans boussole : on risque de se perdre sans revenus locatifs.

Un autre risque majeur est la fluctuation du marché immobilier. Comme les saisons qui changent, le marché immobilier peut évoluer, affectant les valeurs des propriétés et les rendements des investissements. Les crises économiques, les changements politiques, ou les évolutions démographiques peuvent influencer ces fluctuations.

Le risque financier est également un point de vigilance. Il s'agit de la capacité à gérer les prêts et les hypothèques, ainsi que la solvabilité en cas de changements dans les taux d'intérêt. Cela peut être comparé à l'équilibrage d'un bateau : trop de dettes peuvent le faire chavirer.

Les risques liés à la qualité de la propriété, comme les coûts imprévus de rénovation ou de maintenance, sont aussi à considérer. C'est comme découvrir des réparations imprévues sur un navire en pleine mer. Une inspection et une évaluation minutieuses avant l'achat peuvent aider à anticiper ces coûts.

Pour gérer efficacement ces risques, il est essentiel de diversifier son portefeuille immobilier. La diversification, c'est comme avoir plusieurs navires naviguant dans différentes régions : si l'un rencontre des difficultés, les autres peuvent compenser.

Comment peut-on développer des stratégies efficaces pour minimiser ces risques tout en maximisant les opportunités ? Cela implique une recherche approfondie, une planification minutieuse, et une évaluation constante des conditions du marché. Un bon gestionnaire de risques est toujours préparé pour les tempêtes imprévues et sait quand il est temps de changer de cap. Dans la section suivante, nous explorerons l'importance du timing dans les décisions d'investissement, un autre aspect crucial pour naviguer avec succès dans le monde de l'immobilier.

2.3. "Le Timing d'Investissement" : Quand acheter et vendre

La maîtrise du timing dans l'investissement immobilier est aussi cruciale que le choix du moment idéal pour planter dans le jardinage. Un timing adéquat peut maximiser les profits et minimiser les risques, faisant la différence entre un investissement réussi et un échec.

L'achat d'une propriété doit être minutieusement chronométré. Comme un chef qui sait exactement quand ajouter un ingrédient pour parfaire son plat, l'investisseur doit identifier le meilleur moment pour entrer sur le marché. Ce moment dépend de nombreux facteurs, tels que l'état du marché immobilier, les conditions économiques générales, les taux d'intérêt, et les prévisions de croissance du quartier ou de la région concernée.

En matière de vente, le timing est tout aussi crucial. Vendre au bon moment peut significativement augmenter les profits. Il s'agit de surveiller attentivement le marché pour détecter les signes d'un pic, un peu comme un surfeur qui observe les vagues pour choisir le moment parfait pour démarrer. Les facteurs à considérer incluent la demande de logements dans la zone, les prévisions de développement local, et les tendances macroéconomiques.

Il est également important de reconnaître que le timing parfait n'existe pas toujours. Comme dans la navigation, où les marins doivent souvent ajuster leur cap en fonction des vents et des courants, les investisseurs doivent être flexibles et prêts à adapter leurs stratégies en fonction des changements du marché.

Le timing pour les investisseurs à long terme diffère de celui des flippers. Alors que les premiers peuvent se permettre d'attendre des conditions de marché plus favorables, les seconds doivent agir rapidement pour maximiser leurs profits à court terme.

Comment les investisseurs peuvent-ils développer une compréhension aiguë du timing du marché pour optimiser leurs décisions d'achat et de vente ? Cela nécessite une veille constante du marché, une compréhension des cycles économiques, et parfois, un bon instinct. Dans la section suivante, nous explorerons l'investissement locatif, une stratégie qui dépend fortement d'un bon timing pour maximiser les revenus locatifs.

2.4. "Investissement Locatif" : Maximiser les revenus locatifs

L'investissement locatif est une stratégie centrale dans l'immobilier, semblable à la culture d'un verger pour récolter des fruits régulièrement. Il s'agit d'acheter des propriétés dans le but de les louer, générant ainsi un flux de revenus constants. Cette approche requiert une combinaison d'analyse minutieuse du marché, de gestion efficace de la propriété, et de compréhension des besoins des locataires.

Pour maximiser les revenus locatifs, il est essentiel de choisir des propriétés dans des zones à forte demande locative. Cela peut être comparé à planter des arbres dans un sol fertile. Rechercher des zones avec des infrastructures solides, de bons services de transport, et à proximité des commodités peut augmenter l'attractivité de la propriété pour les locataires potentiels.

Une fois la propriété acquise, la gestion efficace devient primordiale. Cela inclut la maintenance régulière du bien, la gestion des relations avec les locataires, et la réponse rapide aux éventuels problèmes. Une bonne gestion est comme l'entretien régulier d'un jardin, essentiel pour maintenir sa santé et sa productivité.

Fixer un loyer compétitif est également crucial. Il doit être équilibré pour attirer et retenir les locataires tout en assurant un bon retour sur investissement. C'est comme fixer le prix d'un fruit sur un marché : trop élevé, et les acheteurs s'éloignent ; trop bas, et le profit est compromis.

La compréhension des lois et réglementations liées à la location est un autre aspect important. Cela inclut les droits et obligations des locataires et des propriétaires, les règles sur les augmentations de loyer, et les procédures d'éviction. Ignorer ces aspects juridiques peut être comparé à négliger les règles de jardinage, menant à des résultats médiocres.

Comment peut-on optimiser un investissement locatif pour garantir une source de revenus stable et croissante ? Cela nécessite un mélange de sélection stratégique de propriété, de gestion habile, et d'une compréhension approfondie du marché locatif. Dans la section suivante, nous explorerons l'importance de la rénovation et de la valeur ajoutée, des aspects cruciaux pour augmenter la valeur des propriétés d'investissement.

2.5. "Rénovation et Valeur Ajoutée" : Améliorer une propriété

La rénovation et l'ajout de valeur à une propriété sont des aspects essentiels de l'investissement immobilier, comparables à l'art de transformer un diamant brut en un joyau étincelant. Cette stratégie peut considérablement augmenter la valeur d'une propriété, améliorer son attractivité sur le marché, et maximiser les rendements potentiels de l'investissement.

La rénovation va au-delà de la simple esthétique. Elle peut inclure des améliorations structurelles, des mises à jour des systèmes électriques et de plomberie, ou des améliorations énergétiques. Comme un chef qui ajuste une recette pour améliorer la saveur d'un plat, l'investisseur doit identifier les améliorations qui apporteront le plus de valeur à la propriété.

L'ajout de valeur peut également consister à repenser l'utilisation d'un espace pour mieux répondre aux besoins du marché. Par exemple, transformer un grand espace ouvert en plusieurs petites unités peut augmenter les revenus locatifs. C'est comme un artiste qui voit le potentiel d'une toile vierge et décide de la façon la plus stratégique de la peindre.

Cependant, la rénovation comporte des risques et des défis. Les coûts peuvent rapidement s'accumuler, et il est crucial de les équilibrer avec la valeur potentielle ajoutée. Cela nécessite une planification minutieuse, une gestion budgétaire rigoureuse, et souvent, l'intervention de professionnels qualifiés.

En outre, il est important de se conformer aux réglementations et codes du bâtiment locaux. Ignorer ces règles peut entraîner des retards coûteux, des pénalités, voire des litiges juridiques. C'est comme naviguer dans un labyrinthe légal, où chaque décision doit être prise avec précaution.

Comment un investisseur peut-il maximiser la valeur ajoutée par la rénovation tout en gérant efficacement les coûts et les risques associés ? Cette question souligne l'importance d'une évaluation approfondie avant d'entreprendre des projets de rénovation, ainsi que d'une stratégie claire pour augmenter la valeur de la propriété. Dans la prochaine section, nous aborderons la fiscalité immobilière, un élément crucial qui influence la rentabilité des investissements immobiliers.

2.6. "Fiscalité Immobilière" : Implications fiscales de l'investissement

La fiscalité immobilière est un élément crucial dans l'univers de l'investissement immobilier, semblable aux règles d'un jeu complexe où

chaque décision a des conséquences financières. Comprendre les implications fiscales est essentiel pour maximiser la rentabilité et minimiser les obligations légales.

Les impôts dans l'immobilier peuvent varier considérablement selon les juridictions et les types de propriétés. Ils incluent généralement les taxes foncières, les impôts sur les plus-values, et les taxes liées aux revenus locatifs. Comme un navigateur doit connaître les courants marins pour éviter les écueils, l'investisseur doit comprendre ces taxes pour naviguer avec succès dans les eaux fiscales.

La planification fiscale est donc un aspect important de la stratégie d'investissement. Elle implique de structurer les investissements et les transactions de manière à optimiser l'efficacité fiscale. Par exemple, choisir la bonne structure juridique pour détenir la propriété (comme une société, un partenariat, ou en tant qu'individu) peut avoir un impact significatif sur les impôts à payer.

Les déductions fiscales sont un autre aspect crucial. Certains frais liés à l'investissement immobilier, tels que les intérêts d'emprunt, les frais de réparation et d'entretien, et parfois les dépenses de dépréciation, peuvent être déductibles. Comprendre ces déductions est comme connaître les règles d'un jeu qui permettent d'optimiser son score.

La taxe sur les plus-values, perçue sur la différence entre le prix d'achat et le prix de vente de la propriété, est également un élément important. Les stratégies pour minimiser cette taxe, comme le réinvestissement des gains dans une autre propriété, peuvent augmenter considérablement les rendements nets.

Comment les investisseurs peuvent-ils naviguer dans le complexe paysage fiscal pour assurer une gestion efficace de leurs investissements ? Cela requiert souvent les conseils d'experts en fiscalité et une veille constante des changements législatifs. Dans la section suivante, nous aborderons la diversification du portefeuille, une stratégie clé pour réduire les risques et optimiser les rendements dans l'investissement immobilier.

2.7. "Diversification du Portefeuille" : Équilibrer et diversifier

La diversification du portefeuille dans l'investissement immobilier est comparable à l'élaboration d'un régime alimentaire équilibré pour une santé optimale. Elle vise à répartir les investissements sur différents types de propriétés et marchés pour réduire les risques et stabiliser les rendements.

La diversification peut se faire de plusieurs manières. Investir dans différents types de propriétés (résidentiel, commercial, industriel) est un bon début. Chaque catégorie a ses propres cycles et dynamiques de marché. Comme dans un portefeuille d'actions, mélanger différents types d'actifs peut aider à amortir les chocs lorsqu'un secteur en particulier est en difficulté.

Une autre stratégie consiste à diversifier géographiquement. Investir dans différentes régions ou même différents pays peut protéger contre les fluctuations du marché local. C'est un peu comme ne pas mettre tous ses œufs dans le même panier, réduisant ainsi le risque si un marché spécifique est affecté par des problèmes économiques ou politiques.

La diversification peut également concerner la stratégie d'investissement elle-même. Combiner des approches à long terme (comme la location) avec des stratégies à court terme (comme le flipping) peut offrir un équilibre entre revenus stables et gains en capital.

Cependant, la diversification comporte ses propres défis. Gérer un portefeuille diversifié nécessite une connaissance approfondie de différents marchés et types de propriétés. Cela peut également impliquer une gestion plus complexe et des coûts opérationnels plus élevés.

Comment un investisseur peut-il efficacement diversifier son portefeuille immobilier tout en gérant la complexité et les coûts associés ? Cela nécessite une planification minutieuse, une recherche approfondie, et parfois l'appui de professionnels qualifiés. Dans le prochain chapitre, nous aborderons l'acquisition et la négociation, des compétences essentielles pour développer et gérer un portefeuille immobilier diversifié.

CHAPITRE 3 : ACQUISITION ET NÉGOCIATION

3.1. "Recherche de Propriété" : Trouver les bonnes opportunités

La recherche de propriété est une étape essentielle dans l'investissement immobilier, semblable à la quête d'un trésor caché. Elle implique de dénicher des opportunités qui non seulement correspondent aux objectifs de l'investisseur mais offrent également un potentiel de croissance et de rentabilité.

La première étape consiste à définir des critères précis, comme l'emplacement, le type de propriété, le budget, et le potentiel de rentabilité. C'est comme établir une carte pour une chasse au trésor, où chaque critère oriente vers le but souhaité.

L'utilisation des technologies modernes et des plateformes en ligne peut grandement faciliter cette recherche. Des sites spécialisés aux applications mobiles, les outils numériques offrent un accès en temps réel à de vastes bases de données immobilières. C'est un peu comme utiliser une boussole high-tech dans notre quête.

La mise en réseau est également cruciale. Collaborer avec des agents immobiliers, des investisseurs expérimentés, et d'autres professionnels du secteur peut ouvrir des portes vers des opportunités cachées. Parfois, les meilleures affaires se trouvent grâce au bouche-à-oreille ou à travers un réseau professionnel bien établi.

Il est aussi important de savoir reconnaître les opportunités sous-évaluées ou avec un potentiel non exploité. Cela peut impliquer d'investir dans des zones en développement ou des propriétés nécessitant des rénovations. Comme un détective, l'investisseur doit chercher des indices qui indiquent une valeur potentielle.

Comment peut-on efficacement filtrer et évaluer les propriétés pour identifier les meilleures opportunités d'investissement ? Cela nécessite une analyse minutieuse du marché, une bonne compréhension des tendances actuelles et futures, et parfois un peu d'intuition. Après avoir trouvé une propriété prometteuse, la prochaine étape cruciale est la négociation, un art en soi, qui sera abordé dans la section suivante.

3.2. "L'Art de la Négociation" : Techniques de négociation efficaces

La négociation dans le domaine immobilier est un art délicat, comparable à une danse entre les parties impliquées. Maîtriser cet art est essentiel pour obtenir des conditions favorables dans un achat immobilier.

Une bonne négociation commence par une préparation approfondie. Cela implique de comprendre la valeur de la propriété, les motivations du vendeur, et le contexte du marché. Comme un joueur d'échecs analyse le plateau avant de faire un mouvement, l'investisseur doit étudier tous les aspects de la propriété et du marché.

La communication est un aspect clé. Cela signifie savoir écouter et comprendre les besoins du vendeur, tout en exprimant clairement ses propres objectifs. La négociation est moins une bataille qu'une recherche de terrain d'entente, un peu comme trouver un accord harmonieux dans un duo musical.

Il est également important d'être flexible sans compromettre ses objectifs fondamentaux. Parfois, cela peut signifier ajuster ses attentes ou explorer des alternatives créatives pour satisfaire les deux parties. C'est comme improviser en musique : il faut parfois s'adapter au rythme pour maintenir l'harmonie.

Savoir quand s'éloigner est aussi une compétence essentielle. Toutes les propriétés ou les conditions de vente ne répondent pas aux critères d'un bon investissement. Comme au poker, il faut parfois se coucher pour éviter des pertes plus importantes.

Comment les investisseurs peuvent-ils développer et appliquer des techniques de négociation efficaces ? Cela nécessite de la pratique, une bonne compréhension de la psychologie humaine, et une connaissance approfondie de l'immobilier. Après la conclusion d'une négociation réussie, l'étape suivante est souvent le financement de l'achat, un processus complexe qui sera exploré dans la section suivante.

3.3. "Financement de l'Achat" : Options et stratégies

Le financement de l'achat est une étape déterminante dans le processus d'acquisition d'une propriété immobilière, semblable à la sécurisation des fondations d'une maison avant sa construction. Comprendre les différentes options et stratégies de financement est crucial pour réaliser un investissement réussi.

Le prêt hypothécaire traditionnel est l'option la plus courante. Comme un cours d'eau alimentant un lac, ce prêt fournit le flux de capital nécessaire pour l'achat, avec des conditions et des taux d'intérêt qui varient en fonction de la solvabilité de l'acheteur et des conditions du marché.

Une autre option est le financement par le vendeur, où ce dernier agit comme prêteur. Cela peut être comparé à une relation symbiotique en nature, où les deux parties tirent profit de l'arrangement. Cette méthode peut être particulièrement utile lorsque les conditions de prêt traditionnelles sont trop restrictives ou lorsque l'acheteur n'est pas éligible pour un prêt bancaire standard.

Les investisseurs peuvent également envisager des partenariats ou des syndicats d'investissement pour financer un achat. C'est un peu comme assembler une équipe pour une expédition : en combinant les ressources, les participants peuvent accéder à des propriétés plus grandes ou plus lucratives.

L'utilisation de fonds propres issus d'autres investissements, comme le refinancement d'une propriété existante, est une autre stratégie. Cela peut être vu comme le réinvestissement des fruits d'un verger pour en planter un nouveau.

La créativité dans le financement peut ouvrir de nombreuses portes, mais elle comporte aussi des risques. Chaque option a ses propres implications en termes de liquidité, de risques et de rendements potentiels. Comme dans un jeu d'échecs, chaque mouvement financier a des conséquences et doit être soigneusement planifié.

Comment les investisseurs peuvent-ils naviguer dans le paysage complexe du financement immobilier pour trouver la meilleure option pour leurs besoins ? Cela nécessite une compréhension approfondie des différentes options disponibles, une évaluation réaliste de sa situation financière, et souvent, les conseils d'experts financiers. Une fois le financement sécurisé, la prochaine étape cruciale est l'inspection et l'évaluation de la propriété, des processus clés pour assurer un investissement judicieux.

3.4. "Inspection et Évaluation" : Vérifier la qualité de la propriété

L'inspection et l'évaluation d'une propriété sont des étapes cruciales dans le processus d'acquisition immobilière, similaires à un examen médical approfondi avant de s'engager dans une activité physique exigeante. Ces étapes garantissent que l'investisseur comprend pleinement l'état et la valeur de la propriété avant de finaliser l'achat.

L'inspection de la propriété est la première étape. Cela implique un examen minutieux de la structure physique de la propriété, y compris sa fondation, son toit, ses systèmes électriques et de plomberie, et d'autres composants essentiels. C'est comme explorer chaque recoin d'une nouvelle maison pour s'assurer qu'elle est solide et sûre.

L'évaluation, quant à elle, détermine la valeur de marché de la propriété. Elle est généralement effectuée par un évaluateur professionnel qui considère divers facteurs, tels que l'emplacement, la taille, l'état de la propriété, et les prix des propriétés comparables dans la région. Cela peut être comparé à l'évaluation d'une œuvre d'art, où divers éléments contribuent à déterminer sa valeur sur le marché.

Ces étapes sont essentielles pour plusieurs raisons. Elles aident à identifier les éventuels problèmes qui pourraient nécessiter des réparations coûteuses, influencent la décision d'achat et la stratégie de négociation, et fournissent une base pour le financement et l'assurance de la propriété.

Un défaut d'effectuer une inspection et une évaluation approfondies peut entraîner des surprises désagréables après l'achat, comme un navigateur qui découvre des récifs cachés en haute mer. Cela peut se traduire par des dépenses imprévues et des complications juridiques.

Comment les investisseurs peuvent-ils s'assurer que l'inspection et l'évaluation sont effectuées de manière exhaustive et précise ? Cela nécessite de faire appel à des professionnels expérimentés et de comprendre les aspects techniques et financiers de l'immobilier. Après avoir confirmé la qualité et la valeur de la propriété, l'étape suivante consiste à finaliser l'achat à travers le processus juridique des contrats et de la clôture, des aspects que nous explorerons dans la section suivante.

3.5. "Contrats et Clôture" : Processus légal de l'achat

Le processus de contrats et de clôture en immobilier est l'étape finale et décisive dans l'acquisition d'une propriété, comparable à la dernière pièce d'un puzzle complexe. Cette phase comprend la finalisation des accords légaux et la transfert officiel de propriété, marquant la concrétisation de l'investissement.

La rédaction et la négociation du contrat d'achat sont essentielles. Ce document détaille les termes de la vente, y compris le prix d'achat, les conditions de la transaction, les garanties, et les obligations des deux parties. Comme un chef d'orchestre assure l'harmonie entre les musiciens, l'investisseur doit s'assurer que le contrat reflète fidèlement l'accord négocié.

La phase de clôture implique plusieurs étapes clés. Elle commence généralement par un dépôt d'arrhes, qui sécurise la transaction. Suivent ensuite les vérifications finales, comme la confirmation que la propriété est libre de tout prêt ou litige, et que toutes les conditions du contrat sont remplies.

Lors de la clôture, les documents légaux sont signés, et le paiement final est effectué. Cela peut inclure le règlement des frais de clôture, qui couvrent les coûts administratifs et légaux liés à la transaction. La propriété est ensuite officiellement transférée à l'acheteur, marquant la fin du processus d'acquisition.

Il est crucial de travailler avec des professionnels compétents, comme des avocats et des agents immobiliers, pour naviguer dans cette phase complexe. Comme un pilote s'appuie sur son copilote et son équipe au sol, l'investisseur doit s'entourer d'experts pour éviter les erreurs coûteuses.

Comment les investisseurs peuvent-ils s'assurer que le processus de contrats et de clôture se déroule sans encombre ? Cela nécessite une attention méticuleuse aux détails, une compréhension des aspects légaux de l'immobilier, et une communication claire avec toutes les parties impliquées. Après la clôture, l'attention se tourne vers la gestion de la propriété acquise, un aspect vital pour maintenir et augmenter la valeur de l'investissement, sujet que nous aborderons dans le prochain chapitre.

CHAPITRE 4 : GESTION DE PROPRIÉTÉ

4.1. "Principes de Gestion" : Gérer efficacement vos propriétés

Une gestion efficace des propriétés est le pilier central d'un investissement immobilier réussi, comparable à la conduite d'un navire à travers des eaux tumultueuses. Elle implique une série de pratiques et de compétences clés pour maintenir et augmenter la valeur de l'investissement.

La gestion de propriété commence par une maintenance régulière et proactive. Comme un jardinier prend soin de son jardin, l'investisseur doit s'assurer que la propriété reste en bon état. Cela comprend des réparations régulières, des inspections fréquentes et des mises à jour périodiques pour préserver l'attrait et la fonctionnalité de la propriété.

La gestion des locataires est également essentielle. Cela signifie non seulement trouver des locataires fiables mais aussi maintenir une bonne relation avec eux. Comme un hôte s'efforce de satisfaire ses invités, l'investisseur doit répondre aux besoins des locataires tout en respectant les termes du bail.

Un autre aspect crucial est la gestion financière. Elle implique une surveillance rigoureuse des flux de trésorerie, la budgétisation pour les dépenses prévues et imprévues, et la maximisation des revenus locatifs. C'est comme équilibrer un livre de comptes, où chaque dépense et chaque revenu doit être soigneusement géré.

La conformité réglementaire ne doit pas être négligée. Cela signifie rester à jour sur les lois et réglementations locales en matière de logement, de sécurité et d'urbanisme. Ignorer ces aspects peut entraîner des sanctions juridiques et financières.

Comment un investisseur peut-il garantir une gestion efficace de ses propriétés ? Cela nécessite une combinaison de diligence, de connaissance du marché, de compétences en communication et en gestion. Les investisseurs qui ne peuvent pas se consacrer pleinement à la gestion de leurs propriétés peuvent envisager de faire appel à des gestionnaires de propriété professionnels. Après avoir établi les bases d'une bonne gestion, l'étape suivante consiste à attirer et à sélectionner les bons locataires, un processus que nous examinerons dans la section suivante.

4.2. "Trouver des Locataires" : Marketing et sélection

Trouver les bons locataires est une étape essentielle dans la gestion de propriété, semblable à choisir les bons acteurs pour un film. Un locataire idéal contribue non seulement au flux de revenus réguliers mais préserve également l'intégrité et la valeur de la propriété.

La première étape pour attirer des locataires de qualité est une campagne de marketing efficace. Cela inclut des annonces détaillées sur des plateformes en ligne, des affichages dans des zones à forte circulation et, si nécessaire, l'engagement de services d'un agent immobilier. Comme une vitrine attrayante attire les clients dans une boutique, une bonne publicité attire les locataires potentiels.

Lorsque les candidatures commencent à arriver, le processus de sélection est crucial. Cela inclut des vérifications rigoureuses des antécédents, comme les vérifications de crédit, les références des propriétaires précédents et les preuves de revenus. C'est un peu comme un entretien d'embauche, où chaque candidat est soigneusement évalué pour s'assurer qu'il correspond aux exigences.

Outre les aspects financiers, il est important de considérer le comportement et la fiabilité des locataires potentiels. Des entretiens personnels et des questions approfondies peuvent aider à évaluer leur caractère et leur compatibilité avec les politiques de la propriété. C'est comme un casting pour un film, où la chimie entre les acteurs est aussi importante que leur talent.

Une fois les locataires sélectionnés, la création d'un contrat de bail clair et complet est essentielle. Ce document doit détailler les droits et responsabilités de chaque partie, y compris les paiements de loyer, les règles de la propriété, et les procédures en cas de problèmes. Comme un scénario bien écrit guide la production d'un film, un bon bail assure une relation locataire-propriétaire harmonieuse.

Comment maximiser les chances de trouver des locataires respectueux et fiables ? Cela nécessite une combinaison de marketing stratégique, de filtrage minutieux et de bon jugement. Après avoir trouvé les locataires appropriés, l'attention se porte sur l'entretien et les réparations, des éléments clés pour maintenir la valeur et l'attractivité de la propriété, ce qui sera abordé dans la prochaine section.

4.3. "Entretien et Réparations" : Maintenir la valeur de la propriété

L'entretien et les réparations sont des aspects cruciaux de la gestion de propriété, comparables à l'entretien régulier d'une machine précieuse pour en assurer le fonctionnement optimal. Ces actions sont essentielles pour préserver la valeur de la propriété et assurer le confort et la sécurité des locataires.

L'entretien régulier inclut des tâches telles que le nettoyage des espaces communs, l'entretien des jardins et des espaces extérieurs, et la vérification des systèmes essentiels comme le chauffage, la ventilation et la climatisation. C'est un peu comme l'entretien d'une voiture : des vérifications régulières peuvent prévenir les pannes coûteuses.

Les réparations, quant à elles, doivent être effectuées rapidement et efficacement. Qu'il s'agisse de réparer une fuite d'eau ou de remplacer une serrure cassée, une intervention rapide peut empêcher les problèmes de s'aggraver. Cela demande non seulement des compétences techniques mais aussi une bonne gestion des ressources et des fournisseurs.

Un fonds de réserve pour l'entretien et les réparations est une stratégie financière prudente. Comme une épargne pour les jours de pluie, ce fonds assure que les finances nécessaires sont disponibles en cas de réparations imprévues.

La communication avec les locataires est également importante dans ce processus. Ils doivent savoir comment signaler les problèmes et à qui s'adresser. Un bon canal de communication renforce la confiance et la satisfaction des locataires, ce qui peut les encourager à prendre soin de la propriété.

Comment les propriétaires peuvent-ils s'assurer que leur propriété est bien entretenue et les réparations gérées efficacement ? Cela nécessite une planification minutieuse, une surveillance continue et la capacité de répondre rapidement aux problèmes. En maintenant la propriété en bon état, les propriétaires peuvent non seulement protéger leur investissement mais aussi créer un environnement agréable pour les locataires. Après avoir abordé l'entretien et les réparations, le prochain sujet à explorer est la gestion financière de la propriété, un élément vital pour assurer sa rentabilité et sa durabilité à long terme.

4.4. "Gestion Financière" : Budget, revenus et dépenses

La gestion financière dans l'immobilier est comparable à la navigation d'un navire dans des eaux agitées, où une bonne gestion de l'équilibre financier est essentielle pour ne pas chavirer. Cela

implique de surveiller et de gérer efficacement les flux de trésorerie, les revenus locatifs et les dépenses associées à la propriété.

L'établissement d'un budget solide est la première étape. Cela ressemble à planifier un voyage longue distance, où vous devez anticiper tous les coûts possibles et vous assurer d'avoir suffisamment de ressources pour les couvrir. Le budget doit inclure les dépenses courantes, telles que l'entretien, les réparations, les taxes et les assurances, ainsi que les dépenses imprévues.

La maximisation des revenus locatifs est également cruciale. Cela peut impliquer des stratégies telles que l'ajustement des loyers en fonction du marché, la minimisation des périodes de vacance et l'amélioration des propriétés pour justifier des loyers plus élevés. C'est un peu comme affiner les performances d'une machine pour en tirer le meilleur rendement.

La gestion des coûts est tout aussi importante. Cela signifie trouver des moyens d'effectuer l'entretien et les réparations de manière économique sans compromettre la qualité. Parfois, cela peut impliquer des investissements initiaux qui réduiront les coûts à long terme, comme l'installation d'appareils économes en énergie.

Une surveillance et une analyse régulières des performances financières de la propriété sont essentielles. Cela implique de revoir les états financiers, d'évaluer la rentabilité et d'ajuster les stratégies si nécessaire. Comme un capitaine ajuste le cap en fonction des conditions météorologiques, un propriétaire doit être flexible et réactif aux conditions du marché.

Comment peut-on s'assurer que la gestion financière de la propriété est optimisée ? Cela nécessite une compréhension approfondie des principes financiers, une planification minutieuse et une volonté d'adaptation. Avec une gestion financière solide, on peut non seulement maintenir la propriété en bon état mais aussi assurer sa rentabilité sur le long terme. Après avoir établi une gestion financière solide, le prochain défi est de gérer les conflits qui peuvent surgir avec les locataires, un aspect que nous explorerons dans la section suivante.

4.5. "Résolution de Conflits" : Gérer les problèmes locatifs

Gérer les problèmes locatifs, c'est un peu comme jouer le rôle d'un diplomate dans un monde complexe de relations humaines. Cela implique de naviguer avec habileté et tact dans les interactions avec les locataires, de résoudre les désaccords et de maintenir une relation harmonieuse.

La communication est la clé. Comme un chef d'orchestre communique avec son ensemble pour créer une harmonie, le gestionnaire immobilier doit communiquer clairement et efficacement avec les locataires. Cela implique de comprendre leurs besoins et leurs préoccupations, et de fournir des réponses rapides et appropriées.

La prévention des conflits est souvent plus efficace que la gestion des conflits. Cela signifie mettre en place des politiques claires dès le début, comme des règles de location bien définies, et les communiquer clairement aux locataires. Imaginez cela comme de fixer les règles d'un jeu avant de commencer à jouer.

Lorsque des conflits surviennent, une approche équitable et objective est cruciale. Cela peut impliquer de médier entre les parties en conflit et de trouver un terrain d'entente. Comme un juge dans un tribunal, le gestionnaire doit rester impartial et juste.

La documentation est également un aspect important de la gestion des conflits. Cela signifie garder des enregistrements détaillés des accords, des communications et des incidents. Ces documents peuvent s'avérer précieux en cas de désaccords majeurs ou de litiges.

La résolution rapide des problèmes est essentielle pour maintenir de bonnes relations avec les locataires et préserver la valeur de la propriété. Cela peut impliquer des réparations rapides, répondre aux plaintes de manière opportune ou ajuster les politiques en fonction des retours des locataires.

Comment peut-on s'assurer que les conflits sont résolus de manière à maintenir une relation positive avec les locataires ? Cela exige de la patience, de l'écoute active et une volonté de trouver des solutions créatives aux problèmes.

Avec une gestion efficace des conflits, on peut non seulement résoudre les problèmes actuels mais aussi prévenir les futurs désaccords, assurant ainsi une expérience locative positive pour toutes les parties impliquées. Après avoir résolu les conflits, la prochaine étape consiste à se concentrer sur la protection de votre investissement, un sujet que nous aborderons dans la section suivante.

4.6. "Assurances et Garanties" : Protéger votre investissement

Protéger votre investissement dans l'immobilier nécessite une stratégie bien pensée, centrée sur les assurances et les garanties. Ces protections fonctionnent comme un filet de sécurité, préservant vos actifs contre les imprévus et les aléas.

L'assurance immobilière est un pilier dans la protection de votre investissement. Imaginez-la comme un bouclier, défendant votre propriété contre les dommages causés par des catastrophes naturelles, des accidents ou des actes de vandalisme. Il est essentiel de choisir une couverture d'assurance adéquate, adaptée au type et à l'emplacement de votre propriété, pour une protection optimale.

Les garanties locatives représentent un autre aspect crucial. Elles assurent une compensation en cas de défaillances de paiement ou de dommages causés par les locataires. C'est comme avoir un parachute en cas de chute imprévue, vous offrant une sécurité financière.

La gestion des risques passe aussi par la mise en place de clauses contractuelles solides dans les accords de location. Ces clauses, telles que les conditions de résiliation anticipée ou les obligations de maintenance, agissent comme des gardes-fous, guidant les interactions avec les locataires et prévenant les conflits.

L'assurance responsabilité civile est également un élément à considérer. Elle protège contre les réclamations en cas d'accidents ou de blessures sur votre propriété. Cette assurance est l'équivalent d'un casque de sécurité, protégeant non seulement votre investissement, mais aussi votre bien-être financier personnel.

Enfin, il est judicieux de rester informé des évolutions du marché de l'assurance et des garanties immobilières. Les conditions du marché peuvent changer, tout comme les lois et réglementations, ce qui pourrait influencer votre couverture et vos besoins en matière de protection.

En somme, une approche proactive et bien informée en matière d'assurances et de garanties est essentielle pour la préservation à long terme de votre investissement immobilier. Après avoir consolidé les bases de protection, l'attention se tourne vers la durabilité et l'écologie, des aspects de plus en plus importants dans la gestion de propriété moderne.

4.7. "Durabilité et Écologie" : Propriétés écologiquement responsables

Dans un monde où la conscience écologique prend une place centrale, la durabilité dans l'immobilier ne se limite plus à une simple tendance, mais devient une nécessité impérieuse. Les propriétés écologiquement responsables ne sont pas seulement bénéfiques pour l'environnement, elles offrent également des avantages économiques à long terme.

L'intégration de la durabilité dans la gestion immobilière commence par des pratiques de construction et de rénovation respectueuses de l'environnement. Utiliser des matériaux écologiques, des systèmes d'énergie renouvelable comme les panneaux solaires, ou des solutions d'économie d'eau transforme non seulement l'impact environnemental de la propriété, mais peut également réduire considérablement les coûts opérationnels.

La certification écologique, comme le label LEED (Leadership in Energy and Environmental Design), devient un atout précieux. Elle n'atteste pas seulement du respect de normes écologiques élevées, mais peut également augmenter la valeur et l'attractivité de la propriété sur le marché. Pensez à ces certifications comme à des étoiles dans un guide touristique, reflétant la qualité et l'engagement environnemental de votre propriété.

L'efficacité énergétique est un autre aspect crucial. En optimisant l'isolation, en utilisant des appareils à faible consommation énergétique et en mettant en place une gestion intelligente de l'énergie, vous réduisez l'empreinte carbone de la propriété tout en diminuant les coûts énergétiques.

La gestion des déchets et le recyclage sont également des éléments importants de la durabilité immobilière. Mettre en place des systèmes efficaces pour gérer les déchets, encourager le recyclage et réduire la consommation globale de ressources contribue à un environnement plus propre et plus sain.

Enfin, l'aménagement paysager écologique, comme les toits végétalisés ou les jardins communautaires, peut améliorer non seulement l'esthétique de la propriété, mais aussi sa performance environnementale en augmentant la biodiversité et en réduisant les îlots de chaleur urbains.

En considérant ces aspects, la gestion immobilière durable ne se contente pas de protéger l'environnement ; elle construit un avenir où les propriétés sont en harmonie avec leur milieu, offrant un cadre de vie meilleur et plus sain. En tournant notre regard vers le chapitre suivant, nous explorerons les possibilités offertes par l'expansion et la croissance du portefeuille immobilier, ouvrant la voie à de nouvelles opportunités et défis.

CHAPITRE 5 : EXPANSION ET CROISSANCE

5.1. "Croissance de Portefeuille" : Stratégies d'expansion

L'expansion d'un portefeuille immobilier est un processus stratégique qui nécessite une combinaison d'acuité commerciale, de vision à long terme et d'adaptabilité. Il s'agit de diversifier et de renforcer son portefeuille pour maximiser la rentabilité tout en minimisant les risques.

Une stratégie efficace d'expansion de portefeuille implique souvent d'investir dans différents types de propriétés. En équilibrant les investissements entre les secteurs résidentiel, commercial et industriel, vous pouvez réduire la vulnérabilité aux fluctuations du marché spécifiques à un seul segment. Imaginez votre portefeuille comme un écosystème diversifié où chaque type de propriété apporte sa propre valeur et sa stabilité.

L'acquisition de propriétés dans différentes zones géographiques est également une tactique judicieuse. Cela permet de se protéger contre les récessions localisées et d'exploiter les opportunités de croissance dans différentes régions. Par exemple, tandis qu'un marché peut connaître une baisse, un autre peut être en plein essor.

La rénovation et la revalorisation des propriétés existantes constituent une autre méthode pour augmenter la valeur du portefeuille. En améliorant une propriété, que ce soit par des rénovations esthétiques ou des mises à niveau fonctionnelles, vous pouvez augmenter substantiellement sa valeur et son attractivité sur le marché.

Le recours à des partenariats stratégiques ou des syndicats d'investissement peut également être un moyen efficace d'élargir un portefeuille. Ces alliances permettent d'accéder à des ressources et des compétences supplémentaires, d'élargir le réseau et de partager les risques.

Enfin, l'innovation dans la gestion immobilière est cruciale. L'adoption de nouvelles technologies et méthodes peut augmenter l'efficacité opérationnelle et ouvrir de nouvelles avenues de croissance. Par exemple, l'utilisation de la technologie de la blockchain pour la gestion des transactions immobilières peut offrir une plus grande transparence et sécurité.

Dans le contexte actuel, où la mondialisation et la technologie redéfinissent continuellement les règles du jeu, être proactif, flexible et innovant est indispensable pour la croissance du portefeuille. En regardant au-delà des frontières, nous explorerons ensuite les opportunités et les défis de l'investissement immobilier à l'international.

5.2. "Investissement à l'International" : Explorer les marchés étrangers

L'investissement immobilier international offre des opportunités de diversification et de croissance potentiellement supérieures. Cependant, il vient avec son lot de défis uniques et nécessite une compréhension approfondie des marchés locaux.

Un des principaux avantages de l'investissement international est l'accès à des marchés aux cycles économiques différents de celui de votre pays d'origine. Cela permet de réduire les risques liés aux fluctuations économiques locales. Par exemple, si le marché immobilier est en baisse dans votre pays, un marché étranger pourrait connaître une croissance dynamique.

Cependant, investir à l'étranger requiert une

compréhension des nuances culturelles, juridiques et fiscales locales. Chaque pays a ses propres règles concernant la propriété immobilière, les impôts, et les lois de zonage. La barrière de la langue peut aussi être un obstacle, nécessitant parfois l'aide d'interprètes ou de partenaires locaux.

Il est aussi crucial d'analyser la stabilité politique et économique du pays visé. Des marchés émergents peuvent offrir de grandes opportunités de croissance, mais ils peuvent aussi être plus volatils. Prenons l'exemple de pays avec des économies en développement rapide : ils peuvent offrir un potentiel de croissance élevé, mais avec des risques plus importants.

La conversion des devises est un autre facteur à considérer. Les fluctuations des taux de change peuvent affecter le rendement de votre investissement. Par exemple, une dépréciation de la devise locale par rapport à votre monnaie peut réduire les rendements une fois convertis.

L'investissement immobilier international exige aussi une stratégie de sortie claire. Étant donné les complexités supplémentaires liées à la vente de propriétés à l'étranger, il est essentiel d'avoir un plan robuste.

En conclusion, bien que l'investissement immobilier

à l'international puisse être un excellent moyen de diversifier et de croître, il nécessite une planification minutieuse, des recherches approfondies, et une compréhension des risques. En adoptant une approche stratégique et en collaborant avec des partenaires locaux compétents, les investisseurs peuvent naviguer avec succès sur les marchés étrangers. Tournons-nous maintenant vers l'importance des partenariats et des syndicats dans l'expansion du portefeuille immobilier.

5.3. "Partenariats et Syndicats" : Collaborer pour agrandir

Les partenariats et syndicats jouent un rôle crucial dans la croissance et l'expansion des investissements immobiliers. Ils offrent une plateforme pour combiner des ressources, partager des risques et accéder à des compétences et des connaissances plus larges.

Dans un partenariat immobilier, deux parties ou plus mettent en commun leurs ressources financières, leur expertise, et parfois leurs propriétés, pour investir dans des projets plus importants qu'elles ne pourraient le faire individuellement. Par exemple, un investisseur avec une forte capacité financière peut s'associer à un autre qui possède une expertise approfondie du marché local, créant ainsi une synergie profitable.

Les syndicats immobiliers, d'autre part, impliquent un groupe d'investisseurs qui mettent en commun leur capital pour investir dans des propriétés sous la direction d'un promoteur ou d'un gestionnaire de syndicat. Cette structure permet aux investisseurs individuels d'accéder à des opportunités d'investissement qui seraient autrement hors de portée, comme de grands développements commerciaux ou des projets de rénovation d'envergure.

Cependant, ces collaborations exigent une diligence raisonnable approfondie et une compréhension claire des termes de l'accord. Il est essentiel d'avoir des objectifs alignés et une communication transparente. Par exemple, dans un partenariat, chaque partie doit comprendre clairement ses responsabilités, ses droits et ses attentes en matière de retour sur investissement.

De plus, la gestion des conflits est un aspect crucial dans les partenariats et syndicats. Les différences d'opinion sur la gestion des propriétés ou les stratégies d'investissement doivent être résolues de manière constructive pour assurer la réussite du partenariat.

En résumé, bien que les partenariats et syndicats offrent d'énormes avantages en termes d'accès à des capitaux plus importants et à une expertise diversifiée, ils nécessitent une sélection minutieuse des partenaires, une planification stratégique et une gestion efficace des relations. La collaboration dans l'immobilier peut être un levier puissant pour l'expansion, mais elle doit être abordée avec prudence et préparation.

Envisageons maintenant comment l'intégration de la technologie moderne dans l'immobilier peut favoriser l'innovation et l'efficacité dans le secteur.

5.4. "Technologie dans l'Immobilier" : Utiliser la technologie moderne

L'intégration de la technologie moderne dans l'immobilier révolutionne la manière dont les propriétés sont gérées, commercialisées et vendues. Cette évolution numérique ouvre la porte à des opportunités innovantes et efficaces pour les investisseurs et les gestionnaires immobiliers.

L'un des aspects les plus marquants de cette intégration est l'usage de la réalité virtuelle (RV) et de la réalité augmentée (RA) pour les visites virtuelles de propriétés. Ces technologies permettent aux acheteurs potentiels de visiter des propriétés à distance, offrant une expérience immersive qui va bien au-delà des photos ou des vidéos traditionnelles. Par exemple, un investisseur peut désormais faire une visite virtuelle d'un immeuble à des milliers de kilomètres de distance, inspectant chaque détail comme s'il était sur place.

De plus, l'intelligence artificielle (IA) et le big data transforment l'analyse du marché immobilier. Les algorithmes d'IA peuvent analyser des volumes massifs de données pour identifier des tendances, prédire les fluctuations du marché et même suggérer des prix de vente optimaux. Un exemple flagrant est l'utilisation de l'IA pour analyser les tendances des prix locaux, les préférences des locataires et les mouvements du marché, permettant aux investisseurs de prendre des décisions éclairées.

La technologie blockchain, quant à elle, a le potentiel de transformer les transactions immobilières en rendant les processus plus transparents, sécurisés et efficaces. Par exemple, les contrats intelligents basés sur la blockchain peuvent automatiser les accords de location, garantissant que les paiements soient effectués à temps et que les conditions contractuelles soient respectées automatiquement.

Par ailleurs, les plateformes en ligne de gestion de propriété facilitent la gestion quotidienne des biens immobiliers. Ces systèmes offrent des solutions pour le suivi des paiements de loyer, la gestion des demandes de maintenance et la communication avec les locataires, simplifiant ainsi la gestion de plusieurs propriétés.

Il est crucial de souligner que l'adoption de ces technologies nécessite une certaine expertise et un investissement initial. Toutefois, les avantages à long terme, tels que l'amélioration de l'efficacité, la réduction des coûts et l'augmentation des revenus, justifient largement cet investissement.

En résumé, l'adoption de la technologie moderne dans l'immobilier est un pas vers l'avenir, offrant des moyens novateurs d'optimiser la gestion, la commercialisation et l'acquisition de propriétés. Elle représente une évolution naturelle dans un monde de plus en plus numérisé.

Maintenant, explorons comment les tendances et innovations actuelles façonnent l'avenir de l'industrie immobilière et ouvrent de nouvelles voies pour les investisseurs et les professionnels du sect

5.5. "Tendances et Innovations" : Rester à la pointe

L'industrie immobilière, en constante évolution, est influencée par des tendances et innovations diverses. Comprendre ces dynamiques est crucial pour rester compétitif et saisir de nouvelles opportunités.

Une tendance notable est l'accent mis sur la durabilité et l'efficacité énergétique. Les investisseurs et les développeurs se tournent de plus en plus vers des constructions vertes, non seulement pour des raisons environnementales, mais aussi parce que la demande pour des bâtiments éco-responsables augmente. Par exemple, les bâtiments avec des certifications écologiques comme LEED ou BREEAM attirent des locataires soucieux de l'environnement et peuvent ainsi justifier des loyers plus élevés.

L'évolution des espaces de travail, en particulier depuis la pandémie de COVID-19, est une autre tendance majeure. Avec la montée du télétravail, les entreprises réévaluent leurs besoins en espace de bureau. Cela se traduit par une demande croissante pour des espaces de travail flexibles et collaboratifs, ainsi que pour des immeubles offrant des aménagements adaptés au travail à distance.

Par ailleurs, l'innovation dans les modèles de financement immobilier, comme le crowdfunding, offre de nouvelles voies d'accès au marché de l'immobilier. Cette approche démocratise l'investissement immobilier, permettant à des individus avec des budgets plus modestes de participer à des projets immobiliers.

L'utilisation des données et de l'analytique avancée transforme également la manière dont les marchés immobiliers sont analysés et compris. Les technologies d'analyse de données permettent de prévoir avec plus de précision les tendances du marché, de la demande locative aux cycles de prix, offrant aux investisseurs une meilleure base pour prendre des décisions éclairées.

Enfin, l'intégration de la technologie dans la construction même des bâtiments – comme l'Internet des Objets (IoT) – rend les propriétés plus intelligentes et plus efficaces. Des systèmes de gestion de bâtiment automatisés aux applications pour les locataires qui contrôlent l'éclairage, le chauffage et la sécurité, ces innovations améliorent l'expérience de vie et de travail dans les espaces immobiliers.

Ces tendances et innovations montrent que le secteur immobilier ne se limite pas à l'achat et la vente de propriétés; il s'agit d'un domaine dynamique et en constante mutation, où la veille technologique et la capacité d'adaptation sont essentielles.

Abordons à présent l'importance de la formation continue et de l'éducation dans ce secteur en constante évolution.

5.6. "Formation et Éducation" : Se former continuellement

Dans le domaine de l'immobilier, la formation et l'éducation continue sont des piliers essentiels pour réussir et rester à jour avec les évolutions du marché. L'importance de l'éducation dans ce secteur ne peut être sous-estimée, car elle permet aux professionnels de l'immobilier de comprendre les complexités du marché, de s'adapter aux changements réglementaires et de maîtriser de nouvelles technologies.

L'éducation dans l'immobilier ne se limite pas aux connaissances de base acquises lors de la certification ou de la formation initiale. Elle englobe une gamme étendue de compétences et de connaissances, y compris les dernières tendances du marché, les lois et réglementations en constante évolution, et les nouvelles pratiques de gestion de propriété. Par exemple, un cours sur les dernières méthodes de marketing digital peut aider un agent immobilier à mieux promouvoir ses propriétés, tandis qu'une formation sur la durabilité peut équiper un promoteur immobilier avec les compétences nécessaires pour développer des projets écologiques.

Les formations professionnelles continues, les

webinaires, les ateliers et les conférences sont d'excellents moyens de se tenir informé. Ces formats éducatifs offrent non seulement des informations précieuses, mais aussi des opportunités de réseautage avec d'autres professionnels du secteur. Par exemple, assister à une conférence sur l'immobilier peut ouvrir des portes à de nouvelles collaborations ou à des idées innovantes.

De plus, la mentorat joue un rôle clé dans le développement professionnel. Les mentors expérimentés peuvent fournir des conseils pratiques, partager des expériences et aider à naviguer dans les complexités du marché immobilier. Pour un nouveau venu dans l'industrie, apprendre d'un mentor expérimenté peut être un atout inestimable.

L'auto-formation est également un aspect crucial. Avec l'accès à une multitude de ressources en ligne, y compris des blogs spécialisés, des podcasts, et des cours en ligne, les professionnels de l'immobilier peuvent s'instruire à leur propre rythme sur des sujets spécifiques. Par exemple, suivre un cours en ligne sur l'investissement immobilier international peut fournir des connaissances précieuses pour ceux qui cherchent à élargir leur portefeuille au-delà des frontières nationales.

En résumé, une formation et une éducation

continues dans le domaine de l'immobilier sont indispensables pour rester compétitif, innovant et bien informé. Ces efforts d'apprentissage continu contribuent grandement à la croissance personnelle et professionnelle dans ce secteur dynamique.

Tournons-nous maintenant vers la planification de succession dans l'immobilier, un aspect crucial pour assurer la pérennité et la croissance des investissements à long terme.

5.7. "Planification de Succession" : Assurer l'avenir de vos

investissements

La planification de succession dans l'immobilier est un aspect crucial pour la pérennité des investissements. Elle assure une transition harmonieuse des biens immobiliers aux héritiers ou aux successeurs désignés, tout en minimisant les impacts fiscaux et légaux. Cette démarche stratégique nécessite une réflexion approfondie et une planification méticuleuse.

Premièrement, il est essentiel de comprendre l'importance de la planification de succession. Elle n'est pas seulement une question de transfert de propriété après le décès d'un investisseur, mais un processus continu qui doit être revu et ajusté au fil du temps en fonction des changements dans la législation, la situation financière, et les objectifs personnels. Cela peut inclure la création d'un testament, la mise en place d'une fiducie, ou la planification de donations pour réduire les charges fiscales futures.

L'un des premiers pas dans la planification de succession est de faire un inventaire complet des biens immobiliers. Cela inclut non seulement les propriétés physiques, mais aussi les actifs et passifs associés, tels que les hypothèques, les assurances, et les baux en cours. Une évaluation précise de ces biens est cruciale pour prendre des décisions éclairées.

La collaboration avec des professionnels qualifiés est également indispensable. Cela comprend des avocats spécialisés en droit successoral, des comptables, et des conseillers financiers. Ces experts peuvent offrir des conseils sur les meilleures stratégies à adopter, en tenant compte des implications fiscales, des réglementations locales, et des objectifs spécifiques de l'investisseur.

En outre, il est important de considérer les désirs et les besoins des héritiers. Cela peut impliquer des discussions ouvertes avec la famille et d'autres parties prenantes pour garantir que le plan de succession reflète les souhaits de tous. Par exemple, un héritier peut préférer la liquidité plutôt que la gestion d'une propriété, ce qui peut influencer la décision de vendre ou de conserver une propriété.

La planification de succession doit aussi prendre en compte les aspects émotionnels et familiaux. La transmission d'un patrimoine immobilier peut parfois entraîner des conflits familiaux. Il est donc crucial de prévoir des mécanismes pour gérer ces situations, comme la nomination d'un exécuteur testamentaire impartial.

Enfin, la révision périodique du plan de succession est essentielle. Les circonstances personnelles, les lois fiscales et les conditions du marché immobilier changent constamment. Une réévaluation régulière garantit que le plan reste aligné avec les objectifs et les situations actuelles.

En résumé, la planification de succession dans l'immobilier est une démarche essentielle pour sécuriser l'avenir financier des héritiers et maintenir la valeur des investissements à long terme. Elle requiert une attention minutieuse, une expertise professionnelle, et une approche proactive.

Après avoir exploré l'importance de préparer l'avenir à travers la planification de succession, il est temps de se tourner vers les défis et solutions du secteur immobilier, qui représentent une autre facette cruciale de la gestion d'un portefeuille immobilier réussi.

CHAPITRE 6 : DÉFIS ET SOLUTIONS

6.1. "Surmonter les Obstacles" : Gérer les difficultés communes

Dans le domaine de l'immobilier, faire face aux obstacles est une partie inévitable de l'investissement et de la gestion de propriétés. Ces défis peuvent varier en complexité, allant des fluctuations du marché aux questions juridiques spécifiques. Pour les investisseurs et les gestionnaires immobiliers, la capacité de surmonter ces obstacles est essentielle pour assurer la réussite et la durabilité de leurs investissements.

L'un des premiers défis à surmonter est la fluctuation du marché immobilier. Ces fluctuations peuvent affecter tant les prix de l'immobilier que la demande locative. Pour naviguer efficacement dans ces eaux parfois instables, une compréhension approfondie des cycles du marché et une capacité à anticiper les tendances sont essentielles. Par exemple, un investisseur avisé saura quand capitaliser sur un marché en hausse ou se retirer stratégiquement lors d'une baisse.

Un autre obstacle commun dans l'immobilier est la gestion des propriétés. Cela comprend tout, de l'entretien régulier à la gestion des relations avec les locataires. Une bonne gestion de propriété nécessite non seulement une connaissance technique, mais aussi d'excellentes compétences en communication et en résolution de conflits. Par exemple, un conflit avec un locataire peut nécessiter une approche à la fois ferme et empathique pour être résolu efficacement.

Les complications juridiques représentent également un défi majeur. Ces problèmes peuvent inclure des litiges fonciers, des questions de zonage, ou des disputes avec les municipalités. Une compréhension solide de la loi immobilière locale et l'assistance d'un conseiller juridique compétent sont indispensables. Prendre des mesures proactives, comme une vérification minutieuse des documents légaux avant l'achat d'une propriété, peut aider à éviter de nombreux problèmes juridiques.

La gestion financière est un autre domaine qui peut présenter des difficultés. Cela inclut la budgétisation, la comptabilité, et la planification fiscale. Une gestion financière efficace est cruciale pour maximiser les profits et minimiser les pertes.

Utiliser des outils de gestion financière modernes et se tenir au courant des changements fiscaux et des opportunités d'investissement peut aider à naviguer dans cet aspect complexe de l'immobilier.

Enfin, il est important de rester flexible et adaptable. Le monde de l'immobilier est en constante évolution, et les stratégies qui fonctionnaient hier peuvent ne plus être efficaces aujourd'hui. La capacité à s'adapter aux nouvelles technologies, aux méthodes de gestion, et aux réglementations est un atout précieux.

En conclusion, surmonter les obstacles dans l'immobilier exige une combinaison de connaissances, de compétences et d'attitude proactive. En restant informé, en faisant appel à des experts quand nécessaire, et en s'adaptant aux changements, les investisseurs et les gestionnaires immobiliers peuvent non seulement surmonter les défis, mais aussi prospérer dans ce domaine dynamique et enrichissant.

Après avoir abordé la manière de

gérer les défis courants dans l'immobilier, il est pertinent de se pencher sur les périodes de crise du marché, qui exigent une approche stratégique et prévoyante pour naviguer avec succès à travers des eaux tumultueuses.

6.2. "Crises du Marché" : Naviguer dans les périodes instables

Les crises du marché immobilier représentent un défi majeur pour les investisseurs et les professionnels du secteur. Ces périodes de turbulence sont souvent caractérisées par une volatilité des prix, une baisse de la demande, ou même des changements réglementaires importants. Naviguer avec succès à travers ces périodes exige une stratégie bien réfléchie et une capacité d'adaptation rapide.

Un aspect crucial pour surmonter les crises du marché est la préparation et la diversification. Il est sage de ne pas mettre tous ses œufs dans le même panier. Par exemple, un portefeuille diversifié comprenant des propriétés résidentielles, commerciales et industrielles peut offrir une certaine protection contre les fluctuations du marché. En période de crise, une propriété commerciale peut ne pas se comporter aussi bien que le résidentiel, ou inversement, offrant ainsi une certaine stabilité à l'ensemble du portefeuille.

Une autre stratégie est la vigilance et l'analyse continue du marché. Cela implique de rester informé sur les tendances économiques globales, les politiques gouvernementales, et les facteurs locaux qui peuvent affecter le marché immobilier. Par exemple, une nouvelle réglementation gouvernementale ou un développement économique majeur dans une région peut influencer considérablement la valeur des propriétés.

La flexibilité est également un atout précieux pendant les crises du marché. Cela peut signifier ajuster les stratégies d'investissement, comme retarder la vente d'une propriété en attendant une amélioration du marché, ou changer le focus de développement vers des secteurs plus stables. Par exemple, pendant une crise, investir dans des propriétés avec un potentiel de revenu locatif stable peut être plus prudent que de viser des gains à court terme par le flipping.

La négociation et le financement créatif sont également des compétences clés en période de crise. Par exemple, renégocier les prêts ou chercher des options de financement alternatives peut aider à maintenir la liquidité et à réduire les coûts financiers.

Enfin, le soutien d'une équipe de professionnels compétents est essentiel. Cela inclut des conseillers financiers, des avocats spécialisés en immobilier, et des experts en gestion de propriété. Leur expertise peut fournir des conseils précieux et aider à naviguer à travers les aspects les plus complexes des crises du marché.

En somme, les crises du marché immobilier sont des moments difficiles qui testent la résilience et la sagacité des investisseurs. Cependant, avec une planification appropriée, une stratégie flexible, et une équipe de soutien fiable, il est possible de surmonter ces défis et même de trouver des opportunités dans l'adversité.

6.3. "Problèmes Juridiques" : Résoudre les complications légales

Dans l'univers de l'immobilier, naviguer dans le labyrinthe des problèmes juridiques est un aspect incontournable et souvent complexe. Ces problèmes peuvent varier de litiges fonciers, de questions de zonage, à des complications liées aux contrats de vente ou de location. Une compréhension approfondie et une gestion proactive de ces questions juridiques sont essentielles pour la pérennité et le succès de tout investissement immobilier.

Premièrement, il est crucial de bien comprendre les lois et réglementations locales qui régissent l'immobilier. Ces lois peuvent varier considérablement d'une région à l'autre et peuvent avoir un impact significatif sur la valeur, l'usage et la transférabilité d'une propriété. Par exemple, les réglementations de zonage déterminent l'usage permis d'un terrain ou d'un bâtiment, ce qui peut limiter ou accroître les opportunités d'investissement dans une zone donnée.

La due diligence est un autre aspect crucial dans la gestion des problèmes juridiques. Avant de procéder à un achat, il est essentiel de réaliser une vérification complète des titres de propriété, de s'assurer qu'il n'y a pas de servitudes ou de restrictions inattendues, et de vérifier l'existence de tout litige en cours. Cela inclut également la vérification des permis, des inspections de bâtiment, et des évaluations environnementales.

La négociation et la rédaction de contrats clairs et complets sont également fondamentales. Un contrat immobilier doit couvrir toutes les bases, incluant les termes de paiement, les clauses de résiliation, les responsabilités en matière d'entretien et de réparation, et les garanties. Des contrats bien conçus peuvent prévenir de nombreux litiges futurs.

En cas de litige, il est souvent préférable de privilégier la résolution à l'amiable plutôt que les procédures judiciaires coûteuses et chronophages. La médiation et l'arbitrage sont des options à considérer pour résoudre les désaccords de manière plus rapide et moins conflictuelle.

Enfin, l'assistance d'experts juridiques spécialisés en immobilier est inestimable. Un avocat expérimenté peut fournir des conseils éclairés, représenter vos intérêts dans les négociations et les litiges, et aider à naviguer dans la complexité des réglementations et des lois.

Pour conclure, gérer les problèmes juridiques en immobilier requiert une vigilance constante, une connaissance approfondie du droit local, et une préparation minutieuse. Avec une approche proactive et informée, il est possible de minimiser les risques et de naviguer avec succès à travers les défis juridiques du secteur immobilier.

6.4. "Gestion de Crise" : Réagir en cas de problèmes majeurs

La gestion de crise dans le domaine immobilier requiert une capacité à anticiper, réagir et s'adapter face à des situations imprévues ou critiques. Que ce soit une crise économique, des catastrophes naturelles, ou des changements législatifs majeurs, chaque crise présente des défis uniques ainsi que des opportunités d'apprentissage et d'adaptation.

Une première étape cruciale en gestion de crise est l'identification rapide du problème et de son ampleur. Il est essentiel de disposer d'un système de veille efficace pour détecter les signaux faibles pouvant indiquer un changement majeur dans l'environnement immobilier. Par exemple, une fluctuation soudaine des taux d'intérêt ou une modification de la législation fiscale peut avoir un impact immédiat sur le marché immobilier.

Une fois le problème identifié, une évaluation rapide et précise des risques est nécessaire. Cette évaluation doit prendre en compte non seulement les impacts financiers directs, mais aussi les conséquences potentielles sur la réputation, les relations avec les clients et les partenaires, ainsi que la conformité légale.

La communication joue un rôle clé en situation de crise. Il est important de communiquer de manière transparente et régulière avec toutes les parties prenantes, y compris les investisseurs, les locataires, les partenaires et les employés. Une communication efficace peut atténuer l'anxiété, maintenir la confiance et fournir des informations cruciales sur la gestion de la crise.

La préparation d'un plan de réponse à la crise, avant qu'une crise ne se produise, est également essentielle. Ce plan doit inclure des procédures claires, des responsabilités définies et des protocoles d'urgence. Il doit être flexible pour s'adapter à divers scénarios et régulièrement mis à jour pour refléter l'évolution de l'environnement et des pratiques du marché.

La résilience est un autre élément important en gestion de crise. Cela implique non seulement la capacité de résister aux chocs, mais aussi de s'en remettre rapidement. Cela peut nécessiter des ajustements dans la stratégie d'entreprise, une diversification des actifs ou l'adoption de nouvelles technologies et approches.

Enfin, tirer des leçons des crises passées est fondamental pour améliorer les stratégies futures. Analyser ce qui a bien ou mal fonctionné, ajuster les plans de gestion des risques et des crises, et appliquer ces enseignements pour prévenir ou mieux gérer les crises futures sont des étapes clés dans ce processus d'amélioration continue.

En résumé, la gestion de crise dans l'immobilier nécessite vigilance, préparation, communication efficace, résilience et un apprentissage constant. Face aux crises, les acteurs du marché immobilier doivent être capables de s'adapter rapidement pour surmonter les défis et saisir les opportunités émergentes.

6.5. "Évolution Réglementaire" : Adapter aux changements légaux

Dans l'univers de l'immobilier, l'évolution réglementaire représente un défi constant. Les lois et réglementations qui régissent ce secteur sont en perpétuelle mutation, influencées par des facteurs économiques, politiques, sociaux et environnementaux. Pour les professionnels de l'immobilier, rester informé et s'adapter à ces changements est crucial pour la pérennité et la légalité de leurs opérations.

L'importance de la veille réglementaire ne peut être sous-estimée. Il est essentiel de se tenir au courant des dernières modifications législatives et réglementaires, qu'il s'agisse de normes de construction, de régulations environnementales, de lois fiscales ou de réglementations locales spécifiques. Par exemple, des changements dans les règlements de zonage peuvent affecter la valeur d'un bien ou les possibilités de développement d'un projet immobilier.

La collaboration avec des experts juridiques est également un pilier dans la gestion de l'évolution réglementaire. Des avocats spécialisés en droit immobilier ou des consultants réglementaires peuvent offrir des conseils précieux et aider à naviguer dans le labyrinthe des lois et réglementations. Cette expertise est particulièrement utile lors de la rédaction de contrats, la mise en place de nouvelles opérations immobilières ou la modification de stratégies d'investissement.

La formation continue est un autre aspect essentiel. Les professionnels de l'immobilier doivent régulièrement mettre à jour leurs connaissances pour comprendre les implications des nouvelles réglementations sur leurs activités. Des formations, des webinaires, ou des conférences dédiées aux dernières évolutions légales peuvent s'avérer très bénéfiques.

L'adaptabilité est la clé pour naviguer dans ce paysage réglementaire en constante évolution. Cela peut impliquer la réévaluation des stratégies d'investissement, l'ajustement des modèles d'affaires, ou l'adoption de nouvelles technologies pour rester conformes. Par exemple, avec l'accent croissant sur la durabilité, les investisseurs immobiliers doivent intégrer les normes écologiques dans leurs projets pour respecter les réglementations environnementales.

Il est également crucial de comprendre l'impact des évolutions réglementaires sur les clients et les partenaires. La transparence et la communication proactive peuvent aider à gérer les attentes et à maintenir des relations solides, surtout lors de changements qui affectent les contrats en cours ou les accords préexistants.

Enfin, anticiper les tendances réglementaires futures peut donner un avantage compétitif. Cela implique de suivre les débats législatifs, les tendances politiques, et les mouvements sociaux qui pourraient signaler des changements imminents. Une telle anticipation permet de s'adapter à l'avance et de saisir les opportunités qui émergent avec les nouvelles régulations.

L'évolution réglementaire dans l'immobilier est donc un processus dynamique et complexe, nécessitant vigilance, expertise et adaptabilité. Les acteurs du secteur doivent rester informés, réactifs et flexibles pour naviguer avec succès dans cet environnement en constante mutation.

6.6. "Gestion de la Réputation" : Maintenir une image positive

La réputation dans le secteur immobilier est un capital précieux, souvent construit sur de nombreuses années, mais qui peut être ébranlé en un instant. Dans ce domaine, la confiance des clients, partenaires et investisseurs est essentielle, et une bonne réputation est un facteur clé pour attirer et maintenir cette confiance. La gestion de la réputation implique plusieurs stratégies et pratiques.

Tout d'abord, la transparence est vitale. Cela signifie être honnête et direct dans toutes les transactions, qu'il s'agisse de la vente d'un bien immobilier, de la gestion locative, ou de la communication sur des projets de développement. Les clients et les partenaires doivent sentir qu'ils reçoivent toutes les informations nécessaires pour prendre des décisions éclairées.

Ensuite, la qualité du service offert joue un rôle majeur dans la réputation. Cela inclut tout, de l'expertise professionnelle à la façon dont les clients sont traités tout au long de leur parcours. Un service client irréprochable, une réponse rapide aux préoccupations et une attitude proactive dans la résolution des problèmes sont essentiels pour maintenir une image positive.

La présence en ligne et les médias sociaux sont également des outils puissants pour la gestion de la réputation. Dans le monde numérique actuel, les avis et commentaires en ligne ont un impact significatif. Il est important de surveiller et de répondre aux commentaires en ligne, qu'ils soient positifs ou négatifs. Une réponse appropriée à une critique peut transformer un client mécontent en un ambassadeur de la marque.

La responsabilité sociale de l'entreprise est un autre

aspect crucial. Les entreprises immobilières qui s'engagent dans des pratiques durables, soutiennent des causes locales ou participent à des projets communautaires tendent à jouir d'une meilleure réputation. Cela montre qu'elles ne sont pas seulement intéressées par le profit, mais aussi par le bien-être de la communauté et de l'environnement.

La gestion proactive des crises est également essentielle. En cas de problème, qu'il s'agisse d'un scandale, d'une erreur dans un projet, ou d'une crise économique affectant l'entreprise, une communication rapide, transparente et empathique est essentielle. Avoir un plan de gestion de crise prêt à être déployé peut faire la différence entre une réputation préservée et une réputation endommagée.

Enfin, la formation et le développement continus du personnel sont essentiels. Des employés bien formés, qui comprennent les valeurs et les normes éthiques de l'

entreprise, sont les meilleurs ambassadeurs de la marque. Ils contribuent à la réputation par leur professionnalisme et leur capacité à fournir un service de qualité. Les formations régulières sur les meilleures pratiques, l'éthique professionnelle et le service client sont donc des investissements rentables pour maintenir une réputation positive.

La réputation dans l'immobilier n'est pas seulement l'image d'une entreprise auprès du public. C'est une mesure de sa fiabilité, de son intégrité et de sa capacité à offrir de la valeur. Dans un secteur où les enjeux sont élevés et les investissements importants, une bonne réputation peut être un avantage concurrentiel significatif. Elle attire non seulement des clients, mais aussi des talents de qualité, des partenaires stratégiques, et des opportunités d'investissement. C'est pourquoi la gestion proactive de la réputation doit être une composante clé de toute stratégie d'entreprise dans le secteur immobilier.

Dans un monde où les impressions et les perceptions peuvent être façonnées instantanément par les médias sociaux et les avis en ligne, gérer efficacement la réputation est un défi constant mais essentiel pour les professionnels de l'immobilier. Une réputation positive est un atout inestimable, construit et préservé par l'intégrité, la transparence et l'engagement envers l'excellence.

6.7. "Stratégies de Sortie" : Savoir quand et comment se retirer

La planification stratégique en immobilier ne se limite pas seulement à l'acquisition et à la gestion des propriétés. Une partie cruciale, souvent négligée, est la stratégie de sortie. Cette stratégie est essentielle pour maximiser les gains, réduire les pertes potentielles, et optimiser la performance globale du portefeuille immobilier.

La première étape consiste à reconnaître les bons moments pour vendre ou se retirer d'un investissement. Cela peut être dicté par plusieurs facteurs, tels que des changements dans le marché immobilier, des objectifs personnels ou financiers, ou des circonstances imprévues. Un bon investisseur immobilier doit rester attentif aux signaux du marché et aux tendances économiques qui peuvent affecter la valeur des propriétés.

L'élaboration d'une stratégie de sortie commence souvent bien avant l'achat d'une propriété. Cela implique de comprendre le potentiel de croissance à long terme d'une propriété, les coûts de maintien et d'amélioration, ainsi que la liquidité potentielle du marché dans lequel la propriété est située. En anticipant les défis futurs, les investisseurs peuvent planifier à l'avance et éviter les décisions précipitées.

La diversification est une autre stratégie clé. Ne pas mettre tous ses œufs dans le même panier est un principe fondamental de l'investissement, et cela s'applique également à l'immobilier. Avoir un portefeuille diversifié peut réduire les risques et fournir des options de sortie plus flexibles.

Les partenariats et les relations stratégiques jouent également un rôle important. Parfois, se retirer d'un investissement peut impliquer la vente à un partenaire d'affaires ou la négociation d'un accord qui profite à toutes les parties concernées. Avoir un réseau solide peut ouvrir des portes à des opportunités de sortie avantageuses.

Enfin, il est crucial de se rappeler que se retirer d'un investissement immobilier n'est pas nécessairement un échec. Cela peut être une décision stratégique qui permet de réorienter les ressources vers des opportunités plus rentables ou plus conformes aux objectifs à long terme.

En somme, une stratégie de sortie bien conçue est un aspect fondamental de la gestion de l'investissement immobilier. Cela nécessite une évaluation continue, une planification prudente et la capacité de s'adapter aux changements du marché. Bien exécutée, elle permet aux investisseurs de maximiser leurs bénéfices et de minimiser leurs pertes, tout en préparant le terrain pour de futures opportunités d'investissement.

CHAPITRE 7 : PERSPECTIVES ET INNOVATIONS

7.1. "Futur de l'Immobilier" : Prédictions et tendances à venir

Le futur de l'immobilier s'annonce aussi passionnant que complexe. Les évolutions technologiques, les changements démographiques et les préoccupations environnementales sont autant de facteurs qui influenceront profondément ce secteur dans les années à venir.

L'avènement de la technologie blockchain, par exemple, promet de révolutionner la façon dont les transactions immobilières sont réalisées. Cette technologie pourrait apporter plus de transparence, réduire les coûts et accélérer les processus. De même, l'intelligence artificielle (IA) est susceptible de transformer les méthodes d'analyse de marché, de prédiction des tendances et de personnalisation des services immobiliers.

Les tendances démographiques, telles que l'urbanisation croissante et le vieillissement de la population, auront également un impact significatif. Ces tendances pourraient entraîner une demande accrue pour des types de logements spécifiques, comme les logements adaptés aux seniors ou les espaces de vie urbains multifonctionnels.

L'accent sur le développement durable transforme déjà l'industrie. La demande pour des bâtiments écologiques et économes en énergie est en hausse, incitant les investisseurs et les promoteurs à intégrer des solutions durables dans leurs projets. Cette tendance est soutenue par des incitations gouvernementales et une prise de conscience environnementale croissante.

Les investisseurs immobiliers doivent donc être prêts à s'adapter à ces changements. L'innovation continue, la formation et l'éducation, ainsi que la flexibilité stratégique seront essentielles pour réussir dans le paysage immobilier de demain.

En résumé, le futur de l'immobilier est façonné par des innovations technologiques, des changements démographiques et un engagement croissant en faveur du développement durable. Les acteurs de ce secteur doivent rester informés et flexibles pour naviguer avec succès dans ce paysage en évolution.

7.2. "Développement Durable" : Immobilier vert et écologique

Le développement durable dans l'immobilier n'est plus une option, mais une nécessité. L'impact environnemental des bâtiments, tant en termes de construction que de fonctionnement, pousse vers une révolution verte dans ce secteur. L'immobilier durable englobe des pratiques de construction écologiques, l'utilisation d'énergies renouvelables, et une conception axée sur la réduction de l'empreinte carbone.

Les bâtiments écologiques, souvent certifiés par des normes internationales comme LEED ou BREEAM, utilisent des matériaux durables, des systèmes de gestion de l'eau et de l'énergie efficaces, et visent une intégration harmonieuse avec leur environnement. Cette approche ne se limite pas aux nouvelles constructions ; la rénovation énergétique des bâtiments existants joue également un rôle clé.

L'investissement dans l'immobilier vert offre plusieurs avantages. D'une part, il répond à la demande croissante des consommateurs et des entreprises soucieuses de leur impact écologique. D'autre part, il s'avère souvent économiquement rentable à long terme grâce à des économies d'énergie et une valorisation accrue des biens.

Cependant, la transition vers un immobilier durable implique des défis. Les coûts initiaux plus élevés et la nécessité d'expertise spécialisée peuvent constituer des barrières. De plus, la mise en œuvre effective des pratiques durables nécessite un changement de mentalité tant chez les développeurs que chez les occupants.

Face à ces défis, le secteur immobilier est appelé à innover, à collaborer avec des experts en durabilité et à sensibiliser au potentiel des bâtiments verts. L'avenir de l'immobilier durable dépendra de l'engagement de tous les acteurs à adopter et à promouvoir ces pratiques essentielles.

7.3. "Technologies Émergentes" : Blockchain, IA, et plus

L'immobilier est en pleine mutation avec l'émergence de technologies révolutionnaires comme la blockchain et l'intelligence artificielle (IA). Ces innovations transforment non seulement les méthodes de transaction et de gestion immobilières, mais aussi la manière dont les propriétés sont conçues, construites et entretenues.

La blockchain, avec sa capacité à sécuriser et à simplifier les transactions, promet de révolutionner le marché immobilier. En permettant des transactions transparentes et traçables, cette technologie peut réduire la fraude, accélérer les processus de vente et de location, et même faciliter les investissements immobiliers à travers des jetons numériques.

L'IA, quant à elle, joue un rôle crucial dans l'analyse des données du marché immobilier, offrant une compréhension plus profonde des tendances et des préférences des consommateurs. De plus, l'IA aide à optimiser la gestion des propriétés en prévoyant les besoins de maintenance et en améliorant l'expérience des occupants grâce à des systèmes de gestion intelligents du bâtiment.

Ces technologies ouvrent la voie à des modèles d'affaires innovants dans l'immobilier. Par exemple, la tokenisation des propriétés permet aux investisseurs d'acheter des parts dans des biens immobiliers, rendant l'investissement immobilier plus accessible. De même, les visites virtuelles améliorées par l'IA offrent aux acheteurs potentiels une expérience immersive et informative, décisive dans le processus d'achat.

Cependant, l'adoption de ces technologies comporte des défis, notamment en matière de réglementation, de sécurité des données et d'acceptation par le marché. La formation continue des professionnels de l'immobilier à ces technologies est donc essentielle pour tirer pleinement parti de leur potentiel.

En intégrant ces technologies émergentes, l'industrie immobilière se dirige vers un avenir plus efficient, transparent et inclusif. Ce progrès technologique s'accompagne d'une évolution des compétences nécessaires pour les professionnels du secteur, marquant ainsi le début d'une ère nouvelle dans l'immobilier.

7.4. "Marchés Émergents" : Explorer de nouveaux territoires

Dans le contexte de l'investissement immobilier, les marchés émergents offrent un terrain fertile pour de nouvelles opportunités. Ces marchés, souvent situés dans des pays en développement ou en transition économique, attirent les investisseurs grâce à leur potentiel de croissance élevé et à leurs prix relativement bas.

L'attrait principal des marchés émergents réside dans leur dynamisme économique. Ces régions connaissent souvent une croissance rapide de leur PIB, une urbanisation accélérée et une amélioration des infrastructures, créant ainsi des opportunités immobilières lucratives. Par exemple, l'Asie du Sud-Est et certaines parties de l'Afrique affichent une croissance économique impressionnante, stimulée par une classe moyenne en expansion et une industrialisation croissante.

Investir dans les marchés émergents implique cependant une compréhension approfondie des risques spécifiques à ces régions. Ces risques peuvent inclure une instabilité politique, des fluctuations monétaires importantes, et des défis en matière de réglementation et de conformité. L'investissement dans ces marchés requiert donc une analyse rigoureuse et une stratégie d'investissement bien pensée.

L'immobilier dans les marchés émergents offre également l'occasion d'innover en termes de développement durable et d'impact social. Les investisseurs peuvent participer à des projets qui non seulement génèrent des retours financiers, mais contribuent aussi au développement des communautés locales, à l'amélioration des conditions de vie et à la protection de l'environnement.

Pour naviguer avec succès dans ces marchés, une collaboration étroite avec des partenaires locaux, une bonne connaissance du contexte culturel et économique local, et une stratégie d'investissement adaptée aux spécificités du marché sont essentielles. En outre, l'emploi de technologies comme la big data et l'analyse prédictive peut aider à mieux comprendre et gérer les risques associés.

En résumé, les marchés émergents représentent une frontière passionnante pour les investisseurs immobiliers, offrant à la fois des défis uniques et des récompenses potentiellement élevées. Alors que l'industrie immobilière mondiale continue d'évoluer, ces marchés joueront un rôle crucial dans la redéfinition des stratégies d'investissement et des modèles de développement.

7.5. "Immobilier et Société" : Impact social de l'immobilier

L'immobilier est plus qu'une simple affaire de bâtiments et de terrains; c'est un secteur profondément enraciné dans le tissu social, influençant de manière significative nos communautés et notre mode de vie. Cette partie explore l'impact sociétal de l'immobilier, soulignant comment les décisions d'investissement et de développement peuvent façonner nos sociétés pour le meilleur ou pour le pire.

Tout d'abord, l'immobilier joue un rôle crucial dans le développement urbain. Les projets immobiliers, qu'ils soient résidentiels, commerciaux ou industriels, ont le pouvoir de transformer des quartiers entiers, affectant ainsi la qualité de vie des résidents. Par exemple, la rénovation d'un quartier délabré peut revitaliser une communauté, apportant de nouveaux services, des espaces verts, et des opportunités économiques. Cependant, si elle n'est pas gérée avec soin, cette même rénovation peut entraîner une gentrification, poussant les résidents existants hors de leurs foyers en raison de l'augmentation des coûts de vie.

En outre, l'immobilier a un impact direct sur la durabilité environnementale. La construction et la gestion de bâtiments sont responsables d'une part significative des émissions de gaz à effet de serre. En conséquence, les investisseurs et les développeurs immobiliers sont de plus en plus appelés à adopter des pratiques durables, telles que l'utilisation de matériaux écologiques, la construction d'édifices à haute efficacité énergétique, et l'intégration de technologies vertes.

L'immobilier influence également la cohésion sociale. Les projets de logement abordable, par exemple, peuvent favoriser une plus grande inclusion sociale en offrant des options de logement accessibles à divers groupes de revenus. À l'inverse, le développement de propriétés de luxe exclusives peut entraîner une ségrégation et une fracture sociale.

Dans le cadre de la responsabilité sociale

d'entreprise, de nombreux acteurs de l'immobilier s'engagent désormais dans des projets qui profitent à la société dans son ensemble. Cela peut inclure la construction d'espaces publics, le soutien à des programmes communautaires, ou la participation à des initiatives de logement social.

Pour les investisseurs immobiliers, comprendre et prendre en compte l'impact social de leurs projets est crucial. Non seulement cela permet de construire des communautés plus fortes et plus durables, mais cela peut également se traduire par une image de marque positive et une fidélité accrue de la part des clients et des partenaires.

7.6. "Formation et Mentorat" : Importance de l'apprentissage continu

Dans le domaine dynamique de l'immobilier, la formation continue et le mentorat sont essentiels pour rester compétitif et réussir. Cette section aborde l'importance de l'éducation permanente et de l'accompagnement professionnel dans le secteur immobilier.

L'apprentissage continu est fondamental dans l'immobilier pour plusieurs raisons. Tout d'abord, ce secteur est en constante évolution, avec des changements fréquents dans les lois, les réglementations, et les tendances du marché.

Restez informé sur ces sujets est crucial pour prendre des décisions éclairées et éviter des erreurs coûteuses. Par exemple, la méconnaissance des dernières réglementations en matière d'urbanisme ou d'environnement peut entraîner des sanctions légales ou des retards dans les projets.

Ensuite, la formation continue permet d'acquérir de nouvelles compétences et connaissances. Que ce soit à travers des cours spécialisés, des ateliers, ou des séminaires, il existe de nombreuses opportunités pour les professionnels de l'immobilier de se perfectionner dans des domaines comme la négociation, le marketing immobilier, ou l'analyse de marché. Cela peut être particulièrement bénéfique pour les agents immobiliers, les investisseurs, et les développeurs qui cherchent à se démarquer dans un marché concurrentiel.

Le mentorat joue également un rôle clé dans le développement professionnel. Avoir un mentor expérimenté peut fournir des conseils précieux, une perspective différente, et un soutien dans la prise de décisions complexes. Pour un nouveau venu dans le secteur, apprendre de quelqu'un qui a déjà navigué dans les complexités du marché immobilier peut être inestimable. Cela peut se traduire par des conseils pratiques sur la gestion des transactions, la construction de réseaux professionnels, ou même sur la manière de gérer les défis émotionnels du métier.

Investir dans la formation continue et chercher des opportunités de mentorat peut donc être un atout majeur pour tout professionnel de l'immobilier. Cela permet non seulement de rester pertinent dans un environnement changeant, mais aussi d'élargir ses perspectives et d'améliorer ses compétences pour une carrière réussie et durable dans ce secteur.

7.7. "Réflexion Finale" : Considérations pour l'avenir de l'investisseur

En clôturant ce parcours à travers les multiples facettes de l'immobilier, il est crucial de se tourner vers l'avenir avec une vision stratégique et réfléchie. L'investisseur immobilier, qu'il soit novice ou expérimenté, doit constamment anticiper les évolutions du marché et s'adapter en conséquence.

Les tendances futures de l'immobilier, influencées par des facteurs tels que les changements démographiques, les évolutions technologiques et les préoccupations environnementales, façonneront les opportunités et les défis de demain. La prise en compte de la durabilité et l'adoption de technologies émergentes, comme la blockchain et l'intelligence artificielle, ne sont pas seulement des options, mais des nécessités pour rester pertinent et compétitif.

En outre, l'importance croissante de l'immobilier dans les questions sociales telles que le logement abordable et l'impact des propriétés sur les communautés indique un changement dans la façon dont les investisseurs doivent considérer leur rôle. Il ne s'agit plus seulement de rentabilité, mais aussi de responsabilité sociale et d'impact sur le bien-être des individus et des communautés.

L'apprentissage continu, souligné dans la section précédente, est également une pierre angulaire pour l'avenir. L'investisseur qui investit dans sa formation et son développement personnel sera mieux équipé pour naviguer dans le paysage complexe et en constante évolution de l'immobilier.

En conclusion, l'investissement immobilier est un domaine dynamique, exigeant une combinaison de connaissances approfondies, de flexibilité et d'une vision prospective. Les investisseurs qui embrassent ces aspects, tout en restant attentifs aux implications éthiques et sociales de leurs décisions, seront les mieux placés pour réussir et faire une différence positive dans le monde de l'immobilier de demain.

Cher lecteur, avez-vous envisagé comment ces tendances influenceront votre approche de l'investissement immobilier dans les années à venir?

ÉPILOGUE

Chers lecteurs,

Alors que nous clôturons ce périple à travers les multiples facettes de l'immobilier, il est temps de faire une pause et de réfléchir au chemin parcouru. De vos premiers pas dans l'univers de l'immobilier, en passant par les stratégies d'investissement, jusqu'aux défis et innovations futures, ce voyage a été riche en enseignements et découvertes.

Vous avez exploré les bases fondamentales, les techniques de négociation, la gestion de propriété, et vous vous êtes projeté dans l'avenir de ce secteur. Vous avez vu comment l'immobilier peut être à la fois un investissement rentable et un moyen de contribuer positivement à la société.

Ce livre avait pour but de vous équiper avec les outils et connaissances nécessaires pour naviguer avec assurance dans le monde de l'immobilier. Cependant, rappelez-vous que l'apprentissage ne s'arrête jamais. Le marché immobilier est en perpétuelle évolution, tout comme les lois, les technologies et les tendances qui l'influencent.

Je vous encourage à rester toujours curieux, à continuer votre éducation et à rester à l'affût des nouvelles opportunités et des défis à venir. L'immobilier n'est pas seulement une question de bâtiments et de terres ; c'est une question de visions, de rêves et d'aspirations.

En tant qu'investisseur, promoteur, agent ou simplement passionné par ce secteur, vous avez le pouvoir de façonner non seulement votre avenir financier, mais aussi le paysage des communautés dans lesquelles ces propriétés existent.

Je vous souhaite succès et prospérité dans vos entreprises immobilières futures. Que ce livre soit la boussole qui vous guide vers vos objectifs, et que chaque page lue soit un pas de plus vers la réalisation de vos ambitions.

Avec mes meilleurs vœux,

Paul Brémond